Las Mejores ADIVINANZAS

C/ San Rafael, 4
28108 Alcobendas (Madrid)
Tel.: (34) 91 657 25 80
Fax: (34) 91 657 25 83
e-mail: libsa@libsa.redestb.es

ISBN: 84-7630-847-7
Depósito legal: M-44594-1999

Impreso en España/*Printed in Spain*

Impreso en offset volumen 1.9 de Papelera de Amaroz

Las Mejores
ADIVINANZAS

Belén Bermejo Meléndez

LIBSA

CONTENIDO

PRÓLOGO

Sea bienvenido el lector. En algún lugar, cierto sabio dejó escrito que los libros han de ser como las casas: hospitalarios; deben dejar entrar al invitado, curiosear en sus rincones, acomodarse plácidamente. La vocación de la presente colección de adivinanzas es precisamente ésta: permitir que el lector entre, curiosee y se acomode en sus páginas.

La selección de adivinanzas que ahora se presenta responde a un doble interés actual. Existe, por un lado, un deseo de revitalizar la lengua española. La Real Academia Española está llevando a cabo varios programas de ajuste y modernización que se ven recompensados con la edición de diversas Ortografías, Gramáticas y Diccionarios. El público, consciente también de la necesidad de desarrollar la lengua española, exige instrumentos útiles y solventes en este mismo sentido. Pero la recuperación de la lengua implica la necesaria revisión de sus viejos moldes; y, como sus recipientes naturales son el habla y la literatura, la cultura popular tiene ahora una importancia justificada. Al fin, conocer la propia lengua no es sino conocer su historia. Pues bien, este ejemplar de LAS MEJORES ADIVINANZAS es, ante todo, una pequeña contribución a esta necesidad.

Las adivinanzas, los enigmas, las charadas o los emblemas son parte importantísima del repertorio lingüístico de nuestro idioma y de nuestra historia. Aún más: desde que Sansón propuso a los filisteos el enigma del león y la miel, las adivinanzas son parte de nuestra naturaleza: el hombre disfruta desentrañando un misterio. Y, seguramente, no hay placer más inmediato que descubrir lo que permanece oculto tras las palabras. Los griegos y romanos ya apelaban al sentido de la curiosidad como promotor del desarrollo humano. El placer que vemos en la sonrisa de un niño cuando adivina en qué mano guardamos un caramelo es la misma satisfacción del científico que descubre una vacuna o del arqueólogo que encuentra una vasija del siglo III. La permanencia y vigencia de la adivinanza se debe precisamente a esto: a su especialísima construcción y a la necesidad del hombre de descubrir lo que se halla oculto.

En esta colección se presenta una esmeradísima recopilación de adivinanzas. Destinada a cubrir las necesidades del lector curioso, la autora no ha desestimado las exigencias de un público interesado en ir un tanto más allá. De modo que, junto al puro placer del juego adivinancístico (esencial y prioritario), se incluyen numerosos datos que pueden orientar al lector preocupado en asuntos bibliográficos o científicos.

Muchas son las obras eruditas y divulgativas que han visto la luz sobre este asunto. Los profesores han tratado de organizar, clasificar y fijar la infinidad de adivinanzas que se esparcen en la cultura popular y en la literatura. Existen también numerosos estudios e investigaciones científicas destinados a ordenar y analizar este tipo de manifestaciones de la lengua. Aunque se han tenido en cuenta todos los estudios relevantes, para el desarrollo de este libro se ha acudido a textos y compilaciones antiguas, y se han utilizado ediciones diversas para cotejar y fijar las variantes posibles. Aunque el adivinancero culto está, en general, bien estudiado, los acertijos populares pueden encontrarse en distintas variantes y ha sido necesario el cotejo de numerosas fuentes. Por otro lado, se han examinado algunas modalidades adivinancísticas despreciadas en otros textos y de las que el lector encontrará cumplida nota en esta compilación. Este esfuerzo sólo tiene un objetivo: ofrecer un panorama tan completo como sea posible de las formas enigmáticas en la lengua, la cultura y la literatura españolas.

Como el resto de los títulos de esta colección (véanse también los volúmenes de REFRANES, de DICHOS Y FRASES HECHAS y de CITAS Y FRASES CÉLEBRES), la presente recopilación ha tenido muy en cuenta el método de lectura. Ya se realice una lectura compartida o se haga en solitario, el placer y el disfrute serán igual de gozosos. Pero cuando se lee en compañía el interés se multiplica: como también es una necesidad del hombre compartir sus inquietudes y sus hallazgos, no cabe duda de que hacerlo resultará enormemente gratificante.

Tal y como se muestra en el cuerpo del texto, la autora se propuso ofrecer un amplio panorama del mundo de la adivinanza, que atendiera las necesidades divulgativas imprescindibles y que ofreciera, a su vez, elementos suficientes para el lector más avisado. Así, era necesario dividir el texto haciendo referencia a lo popular, a lo culto y a otras manifestaciones adivinancísticas, que no han tenido cabida en otros libros de este tipo. Una de las novedades más llamativas del libro que ahora se presenta es la inclusión de pistas o sugerencias. Cierto es que en los libros al uso esta práctica es inusual, pero la autora ha reivindicado el contexto lúdico de la adivinanza, añadiendo explicaciones, argumentos y señales que favorecen la comprensión de los misterios que se proponen.

Finalmente, sólo cabe desear que el lector entre con decisión en este juego, que no se dé por vencido en la primera dificultad, que pruebe el ingenio de quienes le rodean y que disfrute con las burlas y veras del adivinancero.

Belén Bermejo, autora de la presente recopilación, ha dedicado buena parte de su labor académica a la indagación bibliográfica. En principio, en sus investigaciones sobre el teatro español y europeo del siglo XIX, y, actualmente, en los trabajos de recepción de la novela inglesa del mismo período. Su labor profesional, sin embargo, se ha vinculado desde muy pronto a la docencia de la lengua española. Respecto al idioma, además de sus conocimientos académicos, su vocación ha consistido tanto en una labor arqueológica e historicista, como en una pasión de coleccionista. Por estas dos razones, la profesional y la vocacional, la colección de adivinanzas fue para ella «más un placer que una tarea».

INTRODUCCIÓN

La palabra adivinanza proviene del latín, del verbo *addivinare*, es decir, descubrir por conjeturas alguna cosa oculta o ignorada; o, cuando se trata de un enigma, acertar lo que quiere decir. La palabra acertijo tiene su origen, asimismo, en el verbo acertar, que en la lengua latina (*ad certum*) significa «hacia lo cierto». La palabra enigma nace del vocablo latino *aenigma*, y éste, a su vez, del griego, αινιγμχ. El diccionario de la Real Academia Española identifica los significados de los tres vocablos; en acertijo nos remite a enigma o adivinanza; en adivinanza a acertijo; y define enigma como «dicho o conjunto de palabras de sentido artificiosamente encubierto, para que sea difícil entenderlo o interpretarlo». Aunque observando estos significados percibimos que no hay gran diferencia entre las tres palabras, el acerbo popular ha distinguido entre ellas, y así, cuando el dicho está en verso, lo denomina adivinanza; cuando está en prosa, acertijo; y la palabra enigma ha derivado en un significado más culto.

La adivinanza es tan antigua que se pierde en el origen de los tiempos. La civilización egipcia se manifestaba en sus ritos mediante adivinanzas y jeroglíficos. El mundo clásico nos muestra a Edipo frente a la Esfinge y su enigma, en el camino de Delfos a Tebas. En el *Libro de Apolonio* (1240) se nos ofrecen los primeros indicios adivinancísticos, pero es en plena Edad Media cuando los escritores utilizan estos juegos de pensamiento en sus obras. De estas primeras adivinanzas literarias, cultas, derivan algunas adivinanzas populares. A partir de pliegos sueltos y pliegos de cordel en los que se recopilaban las obras de los literatos, y de su lectura en voz alta, se inicia la elaboración de la adivinanza popular, por pura transmisión oral. Por otro lado, y desvinculándose de la tradición culta, la sabiduría popular comenzó a elaborar sus propios acertijos.

Se han clasificado en este libro las adivinanzas en dos categorías: populares y cultas. ¿Cuáles son las principales características de ambas, y en qué se diferencian? En primer lugar, la adivinanza popular es anónima y se elabora colectivamente, frente a la autoría de la adivinanza culta, la cual, además, es individual, es decir, de un solo autor. En tanto que la adivinanza popular pertenece a una comunidad o grupo de personas, su codificación es oral; mientras que el acertijo culto se transmite mediante la escritura, por tanto, su ámbito de recepción es más limitado. Se entiende que la adivinanza popular pertenece a lo que los eruditos llaman sociocultura o cultura folclórica, mientras que el enigma culto se desarrolla en los límites de la creación literaria. La extensión en las populares es menor que en las adivinanzas cultas, lo que facilita su memorización, a lo que también ayuda la estructura métrica y la versificación. El acertijo popular se compone, generalmente, de pareados o estrofas de 3 ó 4 versos, y hay un predominio absoluto de la copla octosílaba: un poema de cuatro versos de ocho sílabas, rimando el segundo con el cuarto, con rima tanto consonante como asonante (8-, 8a, 8-, 8a). Las adivinanzas cultas, por el contrario, utilizan fórmulas más elaboradas. Son frecuentes los romances, los sonetos, las octavas reales y, en general, formas estróficas que requieren conocimientos poéticos de mayor envergadura. La adivinanza se estructura en cuatro partes (en las populares coincide con el número de versos). Se comienza con una fórmula de introducción en la que se describe el asunto que hay que averiguar. A continuación, se incluyen elementos tanto orientadores como desorientadores, y finalizan con un verso en el que se desentraña la dificultad, o se facilita la solución ofreciendo de modo implícito o explícito pistas para ello. Este último verso representa, en diversas ocasiones, desde una burla o un reto para el adivinador, hasta una recompensa si averigua de manera rápida la solución del acertijo.

Los temas también ofrecen distintas perspectivas, dependiendo de su origen popular o culto. Las primeras hacen referencia a elementos y objetos de uso cotidiano o familiares. Son muy frecuentes, por ejemplo, las alusiones a animales domésticos. Especial mención debe hacerse del gallo y de la vaca, que aparecen con una frecuencia muy superior a la de otras especies animales. Otro campo semántico muy utilizado es el que atañe a las plantas, frutas y verduras. La sandía, por su especial morfología y aspecto atractivo, parece ser uno de los objetos más llamativos y el adivinancero cuenta con numerosos ejemplos donde se describe este sabroso fruto. La cebolla, el trigo y las uvas resultan también muy sugerentes en la creación popular. Otros temas hacen referencia a la anatomía humana, a los utensilios domésticos, a los elementos atmosféricos, a los astros. Las adivinanzas cultas también participan de estos temas; sin embargo, se puede observar que hay una mayor abundancia de asuntos relacionados con las cualidades humanas. Los sentimientos morales y sentimentales, como la templanza, el amor, el odio o la esperanza, son más frecuentes.

Las adivinanzas son juegos de ingenio y, como tales, su principal función consiste en entretener y divertir a las personas que las escuchan. A esta función de pasatiempo, se añaden las de aprendizaje y enseñanza. En el adivinancero culto predomina la función literaria. El uso del acertijo en los ámbitos sociales, escolares, familiares y laborales es frecuente. La sencillez del juego, la inmediatez de su recepción, y la atracción que supone desvelar un enigma, contribuyen a su popularidad, su expansión y su atemporalidad. De hecho, un enigma latino continúa siendo llamativo para el hombre actual, y no ha perdido su vigencia.

Cabe destacar que las colecciones de adivinanzas se enriquecen y se nutren día a día, constantemente; el jugador escucha y repite el acertijo, modificándolo a su gusto e incluyendo variantes originales. Es importante señalar que a medida que se inventan o descubren objetos, éstos son susceptibles de convertirse en enigmas. Un ejemplo de ello es la creación de acertijos respecto a objetos o alimentos que fueron descubiertos en América, como el chocolate o la patata, lo cual quiere decir que estos acertijos se crearon en una fecha posterior a 1492. Si encontramos una adivinanza cuya solución es el semáforo o las mangueras contra incendios, esto indica que se ha creado en el siglo XX, puesto que, anteriormente, no existían estos objetos.

Con el fin de respetar la función principal de la adivinanza, el juego, se ha evitado una organización temática, lo cual hubiera impedido al lector encontrar la variedad característica de este entretenimiento. Por otro lado, un orden cronológico resulta impracticable, ya que no se tiene constancia, en la mayoría de los casos, de la fecha de creación de la adivinanza popular. Por el contrario, en el adivinancero culto se ha preferido una ordenación cronológica. La existencia de fuentes y originales concretos permiten una labor filológica más ajustada. De este modo, se ofrece al lector la evolución y el panorama general de la invención literaria en este campo. Las soluciones de ambos adivinanceros aparecen al final del libro. Esta disposición se ha elaborado con el fin de animar al jugador a averiguar la solución, evitando caer en la tentación de leerla al pie del propio acertijo.

El juego, la diversión y, en definitiva, la comunicación entre las personas es la razón de ser de la adivinanza. La presente recopilación ofrece la posibilidad de adentrarse en el fabuloso mundo de la creación popular y la creación literaria; brinda la ocasión de disfrutar con la resolución de un problema. Los poetas del siglo XVII aseguraban que no existe mayor placer que desvelar lo que permanece oculto, y que no hay mayor deleite que encubrir con hermosas palabras lo que tenemos a nuestro alcance: este es el verdadero sentido de la adivinanza.

ADIVINANZAS POPULARES

La adivinanza popular nace de la imaginación y del ingenio del pueblo y su transmisión es, generalmente, oral. Sin embargo, este carácter popular no impide que, en este tipo de adivinanza, se haga uso de determinados recursos estilísticos y literarios con el fin de captar la atención del que la escucha, y aunar en una misma expresión lo popular y lo poético. Es el carácter oral de este adivinancero lo que posibilita que se enriquezca continuamente; mediante aportaciones individuales o colectivas se generan variantes de una misma adivinanza, bien por adición de versos, por cambio de rima, por interconexión de adivinanzas, etc. No podemos olvidar que la adivinanza pertenece al folclore social, cultural y lingüístico y, como tal, siempre está sujeta a cambios.

El tesoro que nos ofrece el adivinancero popular es rico y variado, tanto formal como temáticamente. Aunque la forma es sencilla para favorecer la memorización, a lo que contribuye una línea melódica muy marcada, la adivinanza se adorna con elementos para desorientar al receptor, para animarlo a desentrañar el acertijo, para burlarse de él, para retarlo, etc. La adivinanza, que comienza siendo una descripción, acaba por ser un maravilloso juego de ingenio que pretende entretener en el ámbito social, familiar, escolar o de ocio. Respecto a los temas, se ha decir que son múltiples: desde los más cotidianos y cercanos –los referentes al mundo animal o vegetal, los utensilios domésticos o la ropa– hasta aquellos más filosóficos o abstractos –los relacionados con la religión o el pensamiento–, pero la composición de la adivinanza será igual para cualquier campo temático: una improvisada elaboración de un enigma en un lenguaje sencillo.

1. **No ganóse en una hora**
dicen romances antiguos,
del Duero villa señora,
ciudad antigua de siglos.

La presente adivinanza contiene algunos errores que pueden desorientar al adivinador. El texto sugiere que se ha de encontrar el nombre de una villa. Sin embargo, la enigmática población no tiene categoría de villa, sino de ciudad, antiguamente «cibdad»: su título es «muy noble y muy leal ciudad». Es muy cierto, por otra parte, que los romances más antiguos hacen referencia a esta localidad, porque fue escenario de uno de los acontecimientos legendarios más importantes de la Edad Media. El rey Sancho de Castilla quiso arrebatar a su hermana doña Urraca la ciudad de la que habla la adivinanza. La lucha fue larga y dura, y concluyó con la muerte del rey invasor a manos de un tal Vellido Dolfos. Por eso dice un refrán que esta ciudad «no se ganó en una hora». Por otro lado, el nombre de dicha localidad fue, en su origen, *semurat* o *samurat*, que significa «esmeralda»; su emplazamiento junto al río Duero le valió el nombre romano de *Ocellum Durii*, es decir, «ojito del Duero».

2. **Un bichito verde**
sobre la pared,
corre que te corre,
busca qué comer.

3. **Soy pequeño y alargado**
y en dos conchas colocado;
como no puedo nadar,
me pego a rocas del mar.

4. **El roer es mi trabajo,**
el queso mi aperitivo,
y el gato ha sido siempre
mi más temido enemigo.

Esta adivinanza propone averiguar el nombre de un animal. La cultura popular ha estudiado la relación de este animal y su enemigo natural. Por esta razón, cuando en el juego o en la vida, un hombre persigue a otro y éste trata de huir, y utiliza todas las tretas posibles para conseguirlo, se dice que son como «el ... y el gato».

5. **Tengo muchas patas,**
no tengo probada
el agua salada.
Si usted me cociera,
me pongo por fuera
rabia colorada.

6. **¿Qué clase de animal es**
un mamífero con pelo
en la planta de los pies?

7. **El alto Señor del cielo,**
por mostrar su maravilla,
crió una planta en el suelo
que por dentro tiene pelos,
y por fuera las costillas.

8. **Una niña tontiloca**
con las tripas en la boca.

9. **Una señora,**
muy señoreada,
siempre va en coche
y siempre va mojada.

10. **En alto vive,**
en alto mora,
en alto teje
la tejedora.

He aquí un dicho referido a este animalillo que debemos tratar de adivinar: «Vista por la mañana, mala semana; a mediodía, alegría; después de anochecido, gozo cumplido».

11. **Ya ves,**
tan claro que es;
no me la adivines
de aquí a un mes.

12. **¿Qué cosa posee el hombre,**
que nadie la puede ver?

Sin alas vuela hasta el cielo
y es la causa del saber.

13. **Sale de la sala,**
entra en la cocina,
meneando la cola
como una gallina.

14. **Redondo, redondo**
como vaso sin fondo,
vaso no es;
adivina qué es.

15. **Verde nací,**
rubio me cortaron,
presto me molieron
y blanco me amasaron.

16. **Alto, altanero,**
gran caballero,
gorro de grana,
capa dorada,
y espuela de acero.

La adivinanza anterior y sus variantes, [16a] y [16b], constituyen una personificación del animal que se oculta tras estas descripciones. Se nos presenta como un caballero renacentista, adornado con el aderezo propio de un guerrero: casco, capa, y espuelas de acero, es decir, acompañado de un caballo: orgulloso símbolo de poderío. No sólo aparecen las características físicas, sino también las morales: un luchador altanero, arrogante, casi invencible. Con el nombre de este animal, por tanto, se llama a ciertas personas presuntuosas, soberbias o vanidosas. También se dice de las personas que demuestran mucho poder en su círculo social o en su propio hogar.

16a. **Yo tengo un casco de grana**
y soy un gran caballero;
visto una capa dorada
y calzo espuelas de acero.

166. **Arrogante caballero,**
tiene una capa de oro
y calza espuelas de acero.

17. **Juan y Pínchame**
fueron a nadar.
Juan se ahogó;
¿quién quedó?

Debe tener cuidado y ser prudente aquel que pretenda dar con la solución a esta adivinanza. Pudiera ser que contestando con acierto, se viera burlado y agasajado con un buen pellizco.

18. **¿Qué es, qué es**
del tamaño de una nuez;
que sube la cuesta
y no tiene pies?

18a. **Tamaño como una nuez,**
camina y no tiene pies.

19. **Por las barandas del cielo**
se pasea una doncella
vestida de azul y blanco,
y reluce como estrella.

Sorprenderá al adivinador este acertijo popular, que pareciendo hecho a vuela pluma, es una verdadera poesía. La adivinanza es una alegoría, un juego metafórico, una personificación: se describe un objeto con las cualidades de una dama. Se muestra esta doncella ataviada con ropajes blancos y azules, señales inequívocas de pureza y castidad; una señorita pálida y romántica, atractiva en grado sumo y a cuyo hechizo no nos podemos ocultar. Un rasgo desorientador es la unión de los términos cielo, doncella, azul y blanco, y relucir como una estrella, los cuales parecen hacer referencia a la imagen popular de la Virgen María; sin embargo, esta no es la solución.

20. **Con mi cara encarnada**
y mi ojo negro
y mi vestido verde
el campo alegro.

21. **Te lo digo y repito,**
y te lo debo avisar,
y por más que te lo diga
no lo vas a adivinar.

Es necesario advertir que esta adivinanza deberá ser repetida más de una vez hasta que el adivinador obtenga la solución, a no ser que ponga sus cinco sentidos la primera vez que la escuche. La mejor hora para dar con esta adivinanza son las cinco de la tarde.

22. **Con la cama de un navío,**
la casa de un centinela,
se hace el nombre de una planta
sin que le falte una letra.

Las adivinanzas populares utilizan, en ocasiones, ciertos recursos literarios muy simples y eficaces. La solución resulta, a veces, de la unión, combinación o sustitución de ciertas palabras descritas en el enigma. En este caso, se requiere averiguar, a modo de jeroglífico, las definiciones de los dos primeros versos, y combinar las soluciones parciales para lograr la solución final.

23. **En el campo me crié**
atada con verdes lazos
y aquel que llora por mí,
me está partiendo en pedazos.

24. **Blanca por dentro,**
verde por fuera,
si no lo adivinas
espera.

25. **Yo a los palacios subí,**
yo a las cabañas bajé
y en todas parte dejé
memoria alegre de mí.

Recreación popular del fanfarrón discurso que aparece en el Acto I, escena XII, de *Don Juan Tenorio* (1844) del dramaturgo José Zorrilla (1817-1893). Esta obra, en la que se representa la leyenda y mito de Don Juan, obtuvo un gran éxito de público en su época (éxito trasladado a la actualidad, pues es costumbre anual la representación del

Don Juan en el Día de Difuntos), por lo que no resulta extraño que anduvieran de boca en boca versos, citas o estrofas de esta obra. El Don Juan de Zorrilla se alejó del sentido simbólico del tema del seductor que aparecía en la literatura europea (con Molière, por ejemplo) o en el de Tirso de Molina, y en vez de presentar la rebeldía del hombre frente a Dios, esta versión se acerca más a la idea popular y elemental del donjuanismo, burlador y festivo, unida al sentido católico del arrepentimiento y la salvación. El texto que aparece en *Don Juan,* dice así: «Por dondequiera que fui / la razón atropellé, / la virtud escarnecí, / a la justicia burlé, / y a las mujeres vendí. / Yo a las cabañas bajé, / yo a los palacios subí, / yo a los claustros escalé, / y en todas partes dejé / memoria amarga de mí./ Ni reconocí sagrado, / ni hubo ocasión ni lugar / por mi audacia respetado; / ni en distinguir me he parado / al clérigo del seglar».

26. **Te la digo, te la digo,**
te la vuelvo a repetir;
te la digo veinte veces
y no la sabes decir.

27. **Soy el jugo de la uva,**
de la copa el contenido,
de la mesa el gran señor,
de todos apetecido.

Son muy numerosas en el acerbo popular las adivinanzas que enaltecen el jugo de la uva, y comparten todas ellas el contenido lúdico-festivo que podemos apreciar en esta adivinanza concretamente. En el libro bíblico llamado *Eclesiástico* (31, 28), se dice que este elemento es «la alegría del corazón y regocijo del alma», si se utiliza con prudencia; también se afirma que puede convertirse en «amargura del alma» si no se trata con moderación.

28. **Tengo copa**
no para tomar;
tengo alas
no para volar.

29. **Oro parece,**
plata no es,

quien no lo adivine,
bien tonto es.

30. Y lo es, y lo es, y lo es,
y tú no me lo aciertas
ni siquiera en un mes.

31. Sube cargada,
baja sin nada.

32. Redondo, redondo,
fila por fila;
quien sepa leer
mi nombre escriba.

33. Dos compañeras
van a compás;
los pies delante,
ojos detrás.

34. Sábana blanca tendida.
Mariquita negra
le baila encima.

35. Tiene lomo y no anda,
tiene hojas y no es planta.

36. Soy redondo, redondo;
salgo por la mañana,
por la tarde me escondo.

37. Dime si lo sabes,
¿qué cosa es aquella
que te da en la cara
y no puedes verla;
que empuja sin manos
y hace andar sin ruedas;
que muge sin boca
y marcha sin piernas?

38. **Doy al cielo resplandores**
cuando cesa de llover.
Abanico de colores
que jamás podrás coger.

39. **Tan redonda como un queso,**
nadie puede darle un beso.

Este objeto ha sido fuente de inspiración para poetas y consuelo de enamorados. Los escritores románticos han descrito con profusión las características y los efectos de este objeto en los corazones de los hombres y las mujeres. Manuel de Cabanyes (1808-1833), por ejemplo, le dedicó una hermosa poesía que comenzaba así: «¡Cuán dulces llegan al alma / tus rayos, oh de la noche / reina hermosa, / mientras por el cielo en calma / llevas tu argentado coche silenciosa!». Y más adelante la llama «Maga divina» y «Bondadosa deidad». La categoría de *diosa* le fue dada en los antiguos tiempos de Grecia y Roma; en aquella época su nombre era Selene.

40. **¿Qué será, qué será,**
que tantas vueltas da?

41. **Dos niñas van a la par**
y no se pueden mirar.

42. **Entre vallado y vallado,**
hay un prado colorado.

43. **Vence al tigre, vence al león,**
vence al toro embravecido,
vence a señores y reyes,
que a sus pies caen rendidos.

Adivinanza que sugiere la idea de que, para determinadas circunstancias, objetos o acciones no hay clases sociales ni distinciones entre animales y personas. El pensamiento popular iguala a todos a la misma condición. Del mismo modo ocurre con el siguiente acertijo:

44. **Blanca soy,**
blanca nací;

pobres y ricos
comen de mí.

45. **Una ala avanza,**
pero no es ave.
¿Quién no lo sabe?

46. **De Isabel, quitando el bel,**
y de Lucas, lo postrero.
¿Cómo se llama la joven?
Adivina, caballero.

Como en otras muchas adivinanzas, el juego consiste en truncar, unir y combinar palabras para dar con una nueva y diferente. En este caso, el acertijo propone un nombre propio.

47. **Este banco está ocupado**
por un padre y por un hijo;
el padre se llama Juan,
y el hijo ya te lo he dicho.

48. **No ve nada**
y ojos tiene;
si paso el río
me sostiene.

49. **Por un caminito estrechito**
va caminando un bichito
pero el nombre de este bicho
hace tiempo os lo he dicho.

50. **Casquete sobre casquete,**
casquete de fino paño,
si no te lo digo ahora
no lo aciertas en un año.

51. **El pie tapo al instante,**
igual que si fuera un guante.

52. **Un animalito,**
culo de botijo,

pico de mordaza,
cabeza de rata.

53. **Es santa y no bautizada,**
y trae consigo el día,
gorda es y colorada
y tiene la sangre fría.

La dificultad en la resolución de algunas adivinanzas consiste en la multitud de elementos distorsionadores que contienen las palabras. En este caso, por ejemplo, se utiliza el nombre del objeto separado en dos partes independientes, se juega con la doble significación de las palabras, se propone un juego metafórico y se identifica con un ser humano. Sólo la agudeza del adivinador puede resolver este acertijo.

54. **En alto vive,**
en alto vuela,
en alto toca
la castañuela.

Esta adivinanza remite a los sonidos que, al caer la tarde, se advierten en los campanarios y las torres de las iglesias en los pueblos de España. Se busca el nombre de un animal. La tradición popular señala que estas aves son las encargadas de transportar a los niños recién nacidos: en su pico sujetan un pequeño fardo blanco, en el cual va envuelto el rapazuelo. El refranero asegura que debemos ver a estos animales por san Blas, y que su ausencia indica la llegada segura de nevadas: «Por san Blas, la ... verás; y si no la vieres, año de nieves».

55. **Se monta Papá Noel**
y se oye el tintineo
de mil y un cascabel
que llevan tirando de él
los renos de su...

56. **En el cerro de Chi**
mataron a Ri,
los hijos de Mo
dijeron que ya.

57. **No tiene pata,**
sí tiene tapa;
para encontrarla
gira la jaca.

58. **Con el dinero lo compro,**
con los dedos lo deslío,
por la cara me lo como.

59. **Tienen justo cinco dedos**
como la mano,
se rellenan en invierno,
se vacían en verano.

60. **No pienses que es una col,**
o que baila el cha-cha-chá;
búscala sobre tu cama,
que yo te la he dicho ya.

61. **Pérez que anda,**
Gil que camina,
burro es
quien no adivina.

62. **Pan y pan y medio,**
dos panes y medio,
cinco medios panes,
¿cuántos panes son?

Contar, contar y contar: de este modo se resuelve la adivinanza. El presente acertijo no tiene otra función que la enseñanza matemática. Los juegos aritméticos son comunes en el saber popular: aguzan el ingenio y ejercitan el pensamiento abstracto. Esta es la manera de aprender una contabilidad simple. La tradición utiliza el pan como símbolo de lo necesario e imprescindible para la subsistencia: por esta razón es necesario aprender a contar correctamente, aunque sea con los dedos.

63. **Principio con A**
y no es ave,
sin ser ave vuela,
¿quién será?

64. **Pequeño como una nuez,**
y sube al árbol sin pies.

65. **Para bailar, me ponen la capa,**
para bailar me la han de quitar,
yo bailo sin llevar capa,
y sin capa no puedo bailar.

Se refiere esta adivinanza a un objeto de un juego muy popular. El juego requiere dos objetos: el primero y más importante, es el que debe adivinarse; el segundo, al que la adivinanza llama «capa» se reduce a un cordel dispuesto con maña y precisión. En algunos lugares, este enigmático objeto se denomina «galdrufa», o «tanguillo», o «romanina»; más común es el nombre de «trompa» o «trompo».

66. **Paso por el fuego,**
y no me quemo,
paso por el río
y no me mojo.

67. **Para ti el papel,**
para mí el pastel.

68. **Por la mañana lo topo,**
todo vestido de negro,
ni es cura, ni es fraile,
es lo que dije primero.

69. **Entre dos piedras feroces**
sale un hombre dando voces.

Dice un proverbio español: «Piensa mal y acertarás». Se recomienda al lector que opte por una solución pícara, escatológica o graciosa. Muchas adivinanzas remiten a elementos que provocan la risa o la sonrisa en el público y en los adivinadores. El presente acertijo es uno de estos casos.

70. **El padre en el mar**
y el hijo a rezar.

71. **Nadie me puede ver,**
mas junto a todos soy presto,
en verano me busca la gente
y en invierno soy muy molesto.

72. **El sol la vida me da,**
el sol la vida me quita,
a la gente hago preocuparse
y aunque el agua me da forma
en el aire suelo desaparecer.

73. **Nazco solamente para morir,**
no tengo cuerpo ni alma
y sólo vivo para dejarme oír.

74. **Son como un cesto de avellanas,**
que por el día se recogen
y por la noche se escampan.

El adivinancero popular español contiene, a veces, elementos poéticos de gran altura. Se remite a objetos o asuntos cotidianos, generalmente del ámbito rural, pero las soluciones se establecen como una comparación entre aquellos y asuntos más «elevados». Mire el lector al cielo y responda.

75. **Si la dejamos se pasa;**
si la vendemos se pesa;
si se hace vino se pisa.

76. **Sobre la vaca, la "o",**
a que no lo aciertas, no.

77. **De Caracas vengo,**
seco y amarrado,
traigo la sentencia
de morir quemado.

78. **¿Qué es aquello**
que todas las cosas tienen,
se hallen donde se hallen,
hasta las piedras de la calle?

79. **Una señora muy señoreada**
tiene muchos dientes
y se cose a puntadas.

80. **Adelgazan cuando ocian**
y si trabajan engordan.

81. **Escupo, bramo, mareo,**
soy tromba, abismo y espejo
y de igual manera trato
al solitario que al cortejo.

Es muy usual en la adivinanza recordar que, para determinados momentos o para situaciones concretas, todos somos iguales. En este acertijo se quiere averiguar quién trata indistintamente tanto a solos como a acompañados.

82. **Siempre en mis obras acierto,**
sin presumir de deidad;
de seguridad soy puerto:
el discurso tengo muerto,
carezco de voluntad.

83. **Negra y minúscula bola**
que la boca te atormenta
aunque muerdas una sola.

84. **Donde se reza,**
donde se canta,
y, por ejemplo,
hay algún santo,
o alguna santa.

85. **Una antorcha moderna**
que se traga dos pilas
y ya alumbra.

86. **Primo lejano del cerdo,**
según cuentan por ahí,
nos hemos puesto de acuerdo
en llamarlo...

87. **Allá vienen nuestros padres,**
esposos de nuestras madres,
padres de nuestros hijos
y de nuestros propios esposos,
¿cómo se entiende esto?

88. **Mi primera, negación,**
mi segunda, consonante;
el artículo la tres
y el todo muy interesante.

Este acertijo puede denominarse *charada,* pues se trata de adivinar una palabra haciendo una indicación sobre su significado y el de las palabras que resultan de separar las sílabas que la componen.

89. **Viste de chaleco blanco**
y también de negro frac.
Es un ave que no vuela.
Es anfibio. ¿Qué será?

90. **Cuando se pone a pescar**
el pescador más novato
del agua suele sacar
una bota o un...

91. **A algunos les sabe mal,**
a otros les sabe a beso,
blanco, azul, con o sin sal.

92. **Un combate que se entabla**
muy lento o con rapidez,
ninguno de los dos habla:
el juego del...

93. **La almiranta**
se dispone,
después canta,
luego pone.

No confunda el adivinador esta almiranta con la mujer del almirante;

cuando resuelva el acertijo se percatará de que, evidentemente, no tienen nada en común.

94. **Para ser más elegante**
no usa guante ni chaqué;
sólo cambia en un instante
por una efe la ge.

95. **Pocas veces llega al mar**
y posa en el mar sus alas;
no es un hidroavión, ni un ave,
ni viene de otra galaxia.

96. **El todo es muy poca cosa,**
pero leído al revés
es un nombre muy antiguo;
adivina, pues, qué es.

97. **Con su gran boca**
y un solo diente
desde lo alto
llama a la gente.

98. **Quien quiera gozar del fin**
que se tome del finado,
no la cabeza ni el rabo.
Y si lo viera morir,
claro te voy a decir.
No sé si has adivinado.

En 1865 se publicó por vez primera un libro infantil titulado *Alicia en el País de las Maravillas.* Su autor era un profesor de matemáticas, llamado Charles L. Dodgson, que utilizó un seudónimo: Lewis Carroll (1832-1898). Las aventuras de la pequeña Alicia en un mundo absurdo e ilógico, se hicieron famosas inmediatamente y, en la actualidad, son admiradas y leídas en todo el mundo. Pues bien, en este relato también se propone una adivinanza semejante. Un monstruo mitológico le pregunta a Alicia por qué ciertos animales persiguen a los barcos. Otras preguntas populares dicen: ¿Cuál es el pez que siempre va el último? ¿Cual es el pez que siempre va mojado?

99. **Con un compás**
tú podrás
hacer muchas.
En un compás
nada más
cabe una.

100. **Culebras de agua,**
enroscadas,
que salen de su letargo
cuando las llamas.

101. **Chiquitín y danzarín,**
pasa las noches rondando
con lanza y con cornetín.

102. **Una C de media luna,**
una A de la fortuna,
una N con turbante
y una A más adelante.

103. **Sin mí no tendrías pan,**
ni pasteles, ni empanada.
Nazco verde y soy dorada
por los días de San Juan.

La adivinanza remite a un elemento primordial en la cultura occidental. También hace referencia al aspecto de las tierras castellanas cuando el estío se acerca: los campos lucen enteramente dorados por la época del día de San Juan, el 24 de junio, y, en general, con la llegada del verano.

104. **Una adivinanza**
te voy a poner
a ver si adivinas
lo que es.
Tiene dos patitas
y no tiene pies;
plumas de colores
y pico también.
Cuando tiene hambre

suele decir pío;
cuando tiene frío
se mete en el nido.

105. **Adivina quién soy;**
cuando voy, vengo,
y cuando vengo, voy.

106. **¿Qué animal es el que anda**
de mañana a cuatro pies,
a mediodía con dos,
y por la tarde con tres?

Esta es una adivinanza popular creada a partir del mito y del enigma de Edipo. Según la mitología, Edipo fue hijo de Layo y Iocasta. Antes incluso de nacer, se le augura una vida desgraciada: el oráculo de Apolo en Delfos había comunicado a Layo que el hijo nacido de su esposa estaba destinado a matar a su padre. Cuando nació la criatura, Layo la entregó a un pastor para que lo llevara al Monte Citerón. Este lugar era un paraje frecuentado por pastores. Un pastor de nombre Melibeo, encontró al niño y lo entregó a los reyes de su país, Pólibo y Mérope, los cuales lo criaron como si fuera su propio hijo. Cuando Edipo creció, visitó el oráculo de Delfos para conocer su destino. Éste le informó que su destino era matar a su padre y casarse con su propia madre. Alarmado por este vaticinio, decidió abandonar a los que él consideraba sus verdaderos padres. Huyó, y en su camino se encontró con Layo, en un cruce; al no querer cederle el paso, se produjo un incidente que acabó con la muerte del rey. El oráculo empezó a cumplirse. En su huida, llegó Edipo a Tebas donde la Esfinge tenía aterrorizada a la población con sus continuos enigmas, y devoraba a aquellos que no sabían resolverlos. Le planteó el siguiente enigma a Edipo: «¿Cuál es el ser que tiene cuatro pies por la mañana, dos al mediodía y tres por la noche, pero que, contrariamente a la generalidad de los seres existentes, es tanto menos rápido cuantos más pies utiliza al caminar?» Edipo acertó el enigma y la Esfinge se precipitó suicidándose desde una roca. Como premio por haber resuelto el enigma, los tebanos le entregaron en matrimonio a la reina viuda, Iocasta. Así se cumplió el vaticinio que Edipo trató de evitar.

107. **Llevo mi casa al hombro,**
camino sin una pata,
y voy marcando mi huella
como un hilito de plata.

108. **Barbas de sangre,**
garras atrás,
cara de cuerno,
¿quién la tendrá?

109. **Tiene lamparitas de luz verde**
y cuando es de noche las enciende.

110. **Si me miras del derecho,**
me verás como animal;
mas si tú al revés me miras,
yo seré un vegetal.

Uno de los juegos de palabras más divertidos es el *palíndromo.* Consiste en utilizar una palabra que pueda leerse de derecha a izquierda y de izquierda a derecha. Por ejemplo, «Nada» y «Adán». Un famoso palíndromo castellano dice: «Dábale arroz a la zorra el abad». Se observará que la frase es exactamente igual leída en un sentido o en otro.

111. **Garra, pero no de mata,**
pata, pero no de vaca.

112. **Enfrente está del altar,**
sale del fondo del mar.

113. **Hace días fui al mercado**
y me compré un pescado.
¿Qué pescado he comprado?

114. **Estudiante de letra menuda,**
¿cuál es el ave que vuela sin pluma?

115. **Agua bebo**
porque agua tengo;
que si agua no tuviera,
vino bebiera.

116. **Volando en el aire**
y besando las flores
se apaga su vida
de luz y colores.

117. **¿Me adivina por fortuna**
cuál es el ave
que no tiene pluma?

Si a esta ave le añade el adivinador un nombre de mujer y, al mismo tiempo, piensa en términos religiosos, averiguará la solución de este acertijo.

118. **Viajeras muy incansables,**
volando van por el mundo,
y en sus récords apreciables,
nos llegan en un segundo.

El poeta español Gustavo Adolfo Bécquer (1836-1870) lamenta en su *Rima* LIII la pérdida de un amor. Esta poesía es una de las más famosas y conocidas de la literatura española. En ella dice el poeta que ciertas aves volverán a colgar los nidos en el balcón de su amada, y que llamarán con sus alas en los cristales. Y continúa: «Pero aquellas que el vuelo refrenaban / tu hermosura y mi dicha al contemplar; / aquellas que aprendieron nuestros nombres, / ésas..., ¡no volverán!».

119. **Soy yerba titiritera**
que me subo a la pared;
echo las casas abajo,
¿qué cosa cosita es?

120. **En el monte fue nacido**
lo que nunca fue sembrado;
tiene las patitas verdes
y el bonete colorado.

121. **Estoy en medio de la gloria,**
en misa no puedo estar,
ni menos en el altar,
pero estoy en la custodia.

122. Muchas monjitas
en un convento;
visitan las flores
y hacen dulces dentro.

123. Tiene barbas y no es hombre,
tiene dientes y no come.

124. Dos miracielos,
cuatro pisarrabos
y un espantadiablos.

125. Mi nombre es de peregrino
y tengo virtud notable,
jamás se supo que hable
ni que anduviese camino
y mi olor es agradable.

126. Tan alta como un castillo
y pesa como un anillo.

127. Salta y salta
pero la cola le falta.

128. Mi primera es madre
y nunca ha parido;
mi segunda, selva
que a nadie dio abrigo;
nace mi todo y no sabe andar,
pero por doquier se pone a trepar.

129. Soy una loca amarrada
que sólo sirvo
para la ensalada.

130. Sombrero sobre sombrero,
de un arrugadito paño;
si no adivinas ahora,
no lo harás en todo el año.

131. **Verde fue mi nacimiento**
y amarillo fue mi abril;
tuve que ponerme blanco
para poderte servir.

132. **Tengo oficio de albergar,**
y en mi centro dar morada
a gente que vive armada,
y les sirve el pelear
de perder la vida amada.

133. **Esta planta parece un espino.**
Esta planta está en el camino.
Esta planta es una zarza.
Esta planta mueve sus moras.
Esta planta se llama...

134. **Es la reina de los mares,**
su dentadura es muy buena,
y al no ir nunca vacía,
siempre dicen que va llena.

El carácter oral de las adivinanzas produce ejemplos como este. Los acertijos se enuncian, se 'dicen' y se 'oyen', de modo que la unión de palabras o la ausencia de rigor ortográfico son elementos necesarios para confundir a los jugadores. En este caso, el lector debe desconfiar de la ortografía, y cuando la solucione, ha de escribir la respuesta con B.

135. **Verás una Virgen bella,**
madre de su propio Padre,
y aunque es verdadera madre
no deja de ser doncella.

136. **Soy cuerpo que nadie vio**
y existo entre los mortales,
soy causa de muchos males,
siendo criado por Dios;
pero si faltara yo
mueren hombres y animales.

137. **¿Cuál es de los animales**
aquel cuyo nombre tiene
juntas las cinco vocales?

138. **Un convento bien cerrado**
sin campanas y sin torres,
y muchas monjitas dentro,
preparan dulces de flores.

139. **Un señor muy encumbrado,**
anda mejor que un reloj;
se levanta muy temprano
y se acuesta a la oración.

140. **¿Qué cosa es,**
lo que te agarra
y no lo ves?

141. **Dos torres altas,**
dos miradores,
un quitamoscas,
cuatro andadores.

142. **¿Qué cosa es**
lo que corre
sin tener pies?

143. **En las mañanicas**
del mes de mayo,
cantan los ruiseñores,
se alegra el campo.

Se pretende averiguar una época del año. Todas las civilizaciones han ensalzado este período; se ha estimado por ser el tiempo de la alegría, de las flores y de la actividad frenética de la naturaleza. La cultura popular advierte que, por estas fechas, se altera la sangre, y los poetas han dedicado sus esfuerzos literarios a cantar sus encantos. Decía un poeta del siglo XVII (Diego de Morlanes) que el enigma «por muestra primera / el prado ofrece en rústicos colores / gusto a la vista y al olfato olores»; y continuaba asegurando que los ruiseñores cantan, que las plantas crecen y florecen, que los hielos se vuelven arroyos, que los pastores salen al monte con sus ganados, y que, finalmente, caen «flechas de amor y rayos en la tierra».

144. **En una larga abertura**
tengo yo mi dentadura
y luego que empiezo a hablar,
todas mis piezas se mueven
sin poderlas yo parar.

145. **Sobre una col fabricaba**
mi compadre Juan de Mena;
ya dicho está el acertijo,
entiéndalo quien lo entienda.

El escritor Juan de Mena (1411-1456), no parece tener mucha relevancia en esta adivinanza, excepto por la terminación de su apellido, la cual se utiliza como parte de la solución y como rima necesaria. No busque el lector motivos literarios en este acertijo.

146. **Muy resplandeciente estoy**
y aunque mudo y ciego soy,
al que a mirarme ha venido,
todas sus señas le doy.

147. **Adivina, adivinador,**
¿qué árbol carga sin flor?

El árbol propuesto por esta adivinanza resulta curioso, ya que sus flores, muy pequeñas, se encuentran dentro de un receptáculo carnoso, verde, a finales de primavera. Como permanecen ocultas, se dice de este árbol que *carga sin flor.* Las semillas, numerosas y minúsculas, se producen también dentro de este receptáculo, y el conjunto forma el fruto. El Evangelio de san Mateo (24, 32) cuenta cómo Jesús puso como ejemplo este árbol para señalar la llegada de la primavera. En otra ocasión, Jesús se enojó con un ejemplar de esta especie porque no daba fruto y le dijo: «Nunca jamás coma ya nadie fruto de ti». (*Marcos,* 11, 12).

148. **¿Qué animal va por la vida**
con los pies en la cabeza?
¿Qué animal así camina?

149. **Agua por mi casa,**
cate usted que es maravilla,
que si me lo como,
me lo como con tortilla.

150. **Adivinanza, balanza,**
no tiene tripa ni panza.

151. **A una pared arrimado**
estoy siempre hecho un Atlante,
no voy atrás ni adelante,
de muchos cuerpos cargado,
parezco en fuerza un gigante.

Atlante es un héroe de la mitología griega. Fue un gigante que encabezó la lucha de los Titanes contra los dioses, por lo que fue condenado a llevar eternamente sobre sus hombros la bóveda del cielo. Se cuenta que acabó su vida petrificado, convertido en la cadena africana montañosa del Atlas. En otros casos, se le representa cargando el globo terráqueo.

152. **Tras, tras,**
la cabeza para atrás.

153. **Atrás panza,**
y «alante» espinazo;
aciértamelo,
pedazo de ganso.

154. **Aun sin ser algo importante,**
en la vida pinta algo,
y no puede trabajar,
todo aquel que sea calvo.

155. **Adivíname esa.**

156. **Agua, pero no de río,**
diente, pero no de gente.

157. **Al amanecer blanco**
y al anochecer negro.

158. **Al formar fui maltratada,**
mi dueño me tiene amor,
y aunque soy mujer honrada
me suele tener atada,
y con guardas mi señor.

159. **A todos llamo**
y nunca de mi casa salgo.

160. **Aliqué, aliqué, aliqué,**
que no tiene alas, ni pico, ni pies,
y su hijo el aliconcillo,
tiene alas, patas y piquillo.

Otra versión de esta extraña adivinanza es: «Un águila picanté / no tiene alas, patas, ni pies; / su hijo el alicantico, teniendo un mes, / tiene alas, patas, pico y pies». La versión culta ofrece más pistas: «Negro fue mi nacimiento, / ni tengo ni tuve padre, / y me concibió mi madre / sin la obra de varón; / dentro de su corazón / la taladro y no se queja / y a mayor admiración / tiene sobre sí una ceja».

161. **Alí y su perro Can**
se fueron a tomar té
a la ciudad
que le he dicho a usted.

162. **Ave y no vuela,**
llana y es curva,
quien no adivina ésta
no adivinará ninguna.

163. **Alta y delgada**
con la cabeza colorada.

164. **Alto, alto, como un virote,**
echa los huevos por el cogote.

Entre otras acepciones, se dice del «virote», familiarmente, que es un hombre erguido, por asimilación con lo que verdaderamente significa: un hierro largo que se colocaba en la argolla a los esclavos que tenían tendencia a fugarse.

165. **Alto, alto, como un pino,**
y no pesa ni un comino.

166. **Alto por alto,**
redondo como un plato.

167. **Alto vive,**
alto vola,
alto toca
la castañola.

168. **Amarillo por fuera,**
amarillo por dentro,
y con un corazón en el centro.

169. **Ayer vinieron,**
hoy han salido,
vendrán mañana
con mucho ruido.

170. **Larga y lisa, larga y lisa,**
llevo puesta una camisa,
toda bordada, bordada,
sin costura ni puntada,
por el mismo Dios labrada.

La leyenda popular cuenta que este animal tenía patas en el principio de los tiempos, pero que, a causa de una acción malvada y ruin, Dios lo condenó a vivir arrastrándose por el polvo. Díjole Dios: «Por haber hecho esto, maldita serás entre todas las bestias y entre todos los animales del campo; sobre tu vientre te arrastrarás y polvo comerás todos los días de tu vida. Pondré enemistad entre ti y la mujer, entre tu linaje y el suyo; éste te aplastará la cabeza, y tú le acecharás al talón» (*Génesis*, 3; 14-15)

171. **Altos padres,**
chicas madres,
hijos prietos,
y blancos nietos.

La presente adivinanza remite a una especie vegetal, y su «familia» se corresponde con el ciclo de floración y con los frutos que produce. El padre es el árbol; las madres son las flores, amarillas y verdes al principio del verano; el hijo es el fruto, redondeado, pesado, pardo y brillante; y los nietos, las semillas comestibles, pequeñas, con una cáscara dura de color marrón.

172. **Antes que nazca la madre,**
anda el hijo por la calle.

173. **Amarillo, amarillito,**
y mi cantar es bonito;
no parece necesario
decir que soy un...

174. **Apellídanme Rey,**
y no tengo reino;
dicen que soy rubio,
y no tengo pelo;
afirman que ando,
y no me muevo;
relojes arreglo
sin ser relojero.

175. **A veces blanquita,**
a veces negrita,
y siempre bolita.

176. **Arquita chiquita,**
de buen parecer,
ningún carpintero
la ha podido hacer.

177. **¿A quién se debe matar**
y es obra de caridad?

Aunque parezca un contrasentido, la adivinanza sugiere que matar, en este caso, no constituye un pecado (ni venial, ni mortal). Bien al contrario, si se mata en otras personas, resulta un acto de caridad y de buena fe.

178. **Blanco fue mi nacimiento,**
me vistieron de colores,
por mí se pierden los hombres
y se quitan los honores.

179. **Baja a beber y no bebe,**
baja a pastar y no pasta,
se revuelca y no se ensucia.

180. **Brama y brama,**
como el toro
y relumbra,
como el oro.

181. **Blanco fue mi nacimiento,**
y verde mi mocedad,
y amarilla mi vejez,
adivíname qué es.

182. **Soy moza que tengo sal,**
digna como esposa soy,
a la lata o al mar voy,
en la mesa, fina soy,
me hallará siempre muy fina
pero no me lo adivina.

Un refrán popular español asegura que «La mujer y la..., fina». Tanto el refrán como la adivinanza sugieren que la cualidad más apreciable y deseable de las damas y de las... es la delicadeza y la finura.

183. **Blanco como el papel,**
colorado como el clavel,
pica y pimiento no es.

Una frase hecha en castellano desaconseja coger esta hortaliza por las hojas. Se aplica este dicho cuando alguien pretende ser muy meticuloso respecto a algún asunto. También se dice cuando una persona desconfiada aplica algún juicio muy rebuscado o especioso.

184. **Blanco fue mi nacimiento,**
después de verde vestí,

y ahora que estoy de luto
hacen aprecio de mí.

185. **Blanco es,**
gallina lo pone,
frito se come.

186. **Blancos son los campos,**
las semillas negras;
cinco son los bueyes
que el arado llevan.

187. **Bonita niña,**
mitad de abril;
es menos que Carmiña
y más que Valentín.

Hace referencia esta adivinanza al día de la Virgen del Carmen, el 16 de julio, y al día de San Valentín, el 14 de febrero. La ingeniosa solución se corresponde también con lo que los romanos llamaban los *idus.* Julio César murió en los *idus* de marzo, tal y como se lo había vaticinado un ciego. «Cuídate de los *idus* de marzo, César», le decía. Bruto y sus secuaces lo asesinaron en el senado. Así lo relata William Shakespeare (1564-1616) en su tragedia *Julio César.*

188. **Alumbra sin ser candil,**
algunas veces nos quema,
al atardecer se duerme,
por la mañana despierta.

189. **¿Cuál es la casa formada**
de vestidos de animales,
cinco hermanos desiguales
hacen en ella morada
para librarse de males?

190. **Cae de una torre**
y no se mata;
cae en el agua
y se desbarata.

191. **Cabecilla negra,**
jubón colorado,
tripitas de hueso,
y patitas de palo.

192. **Principio del mundo soy,**
y sin ser el uno y trino,
no soy Dios ni lo imagino,
ni dejo de ser quien soy.

193. **Campo blanco,**
flores negras,
un arado,
cinco yeguas.

A pesar de las sugerencias de la adivinanza, lo cierto es que la solución tiene poca relación con las labores del campo, con animales o con aperos de labranza. En cambio, el objeto buscado hace referencia a un modo de comunicación hoy en desuso, pero muy común en otros tiempos. En los siglos XVIII y XIX, las personas entablaban diálogos, disputas y conferencias mediante esta forma de relación. Grandes escritores, como J. J. Rousseau, S. Richardson o J. Austen, escribieron libros enteros con estos objetos que buscamos.

194. **Casa con dos cuartos,**
nueva cada mes,
llena está de gente,
adivina qué es.

195. **Cavan, cavan, cavan,**
y nunca se acaba.

196. **Cien amigos tengo,**
todos en una tabla;
si yo no los toco,
ellos no me hablan.

197. **Cielo arriba, cielo abajo,**
y agua en medio.
¿Qué soy?

198. **Cien niñas de colorado,**
al balcón se han asomado.

199. **¿Quién vive en casita**
de alambres colgada
y empieza a cantar
en la madrugada?

200. **Con el pico, pica,**
y con la cabeza
saca la tripa.

201. **Con A empieza mi nombre,**
de las damas soy querido,
si me prenden soy seguro
y si me sueltan perdido.

El oficio de este objeto es prender, si se suelta se pierde, debido a su absoluta pequeñez. Una pista para el adivinador: es costumbre en algunos lugares de España regalar a las mujeres, en las bodas, uno de estos objetos. La tradición dice que si la dama lo pierde, por cualquier circunstancia, se casará también. El poeta cordobés Luis de Góngora (1560-1627) escribió, en su dificilísimo estilo, un soneto sobre el asunto que nos ocupa. Los dos últimos tercetos dicen: «Mas, ay, que insidioso latón breve / en los cristales de su bella mano / sacrílego divina sangre bebe: / púrpura ilustró menos indiano / marfil; envidiosa, sobre nieve / claveles deshojó la Aurora en vano».

202. **Con la mitad de mi nombre**
te alimento,
y con la segunda
te aumento.

203. **Con sus páginas abiertas,**
te va ilustrando la mente,
si alguna vez lo prestaras,
lo perderás para siempre.

En términos generales, la sabiduría popular española recomienda no prestar determinadas cosas. Por ejemplo, un refrán dice: «Mujer, caballo y escopeta, no se prestan»; también es común negar el préstamo de la pluma o de otros objetos personales. Pues bien, uno de esos objetos importantes que se aconseja no ceder a nadie, es lo que se busca en esta adivinanza.

204. **Con ser ninguno mi ser,**
muchas veces en un día
suelo menguar y crecer,
y no me puedo mover
si no tengo compañía.

205. **¿Cuál es aquella planta**
que seca agarra?

206. **¿Cuál es aquel pobrecito**
siempre andando,
siempre andando,
y no sale de su sitio?

207. **Crece y se achica**
y nadie la ve;
no es luz y se apaga,
adivina qué es.

208. **¿Cuál es el animal**
que al ponerse
cara arriba
cambia de nombre?

209. **Sus hijitos amarillos,**
todos con camisa rasa;
cada vez que tiene uno,
ella alborota la casa.

210. **¿Cuál es el árbol que tiene doce ramas**
y cada rama tiene su nombre?
Como no me lo aciertes,
no eres hombre.

211. **¿Cuál es el tío**
que más nos abriga?

Aunque el acertijo nos habla de un «tío», no se lleve a engaño el adivinador, pues es tío, pero no tiene sobrinos. Los poetas de todos los tiempos han hecho referencia a este asunto, relacionándolo con la diosa romana Ceres. Esta diosa se representa con un haz de espigas en la mano, es la protectora de las cosechas y de la siega; de ella se dice también que entregó el arado a los hombres. De su nombre proviene el término «cereal», que aplicamos al trigo, la cebada y otros productos agrícolas.

212. **¿Cuál es la cosa**
que encima de todo se posa?

213. **Cuando calor, tengo frío,**
y no frío sin calor.

214. **Cuando es rojo está vivo**
y cuando negro, está muerto.

215. **Cuando iba, iba con ella,**
y cuando volvía
me encontré con ella.

216. **¿Quién fue el que nunca pecó**
ni jamás pudo pecar,
y que se vino a encontrar
en la pasión del Señor
y no se pudo salvar?

Hace referencia este acertijo al momento en que san Pedro, el apóstol predilecto de Jesús, le negó la noche de su pasión. Dice el Evangelio de san Juan, 13-38: «Contesta Jesús: ¿Qué tú estás dispuesto a dar tu vida por mí? De verdad te lo aseguro: No cantará el..., sin que me hayas negado tres veces». Así fue; antes de que cierto animal señalara el alba, Pedro negó tres veces haber sido amigo de Jesucristo.

217. **Cuando lo amarran se va**
cuando lo sueltan se queda.

218. **Dama da,**
dama deja,

y no se queja
de lo que deja.

219. Debajo de la tierra hay un convento,
y todas las monjas visten de negro,
y se alimentan de su sustento.

220. De bronce el tallo,
las hojas de esmeralda,
de oro el fruto,
las flores de plata.

221. Da oleadas como el mar;
tiene raspa y no es pescado.
El que no lo acierte
es un burro aparejado.

222. Cuando el tiempo se nos troca,
veréis si queréis mirar
un caballero cantar,
sin tener dientes ni boca.

223. Siempre de mí dicen algo,
aunque muy humilde soy;
don me llaman en el mundo,
adivíname quién soy.

224. De cabra y de leña soy,
obedéceme temblando,
que a muchos cuesta la vida
el no hacer lo que yo mando.

225. Único portero
y solo inquilino;
tu casa redonda
la llevas contigo.

226. De colores muy galano,
soy bruto y no lo parezco,
perpetua prisión padezco,

uso de lenguaje humano,
si bien de razón carezco.

Cuando este animal apareció en España, traído desde las Indias, causó gran admiración el hecho de que hablara. Incluso en la actualidad, no deja de ser sorprendente que estas coloridas aves sean capaces de imitar la voz humana con tanta precisión. Los escritores y cineastas suelen colocar a estos animales en barcos piratas, como compañía de bucaneros y filibusteros. Robert Louis Stevenson (1850-1894) colocó uno en *La Hispaniola,* el bergantín aventurero de su novela *La isla del tesoro.* El pobre animal gritaba «¡Doblones, doblones!», porque era lo que había oído decir a su dueño, un malvado pirata «con pata de palo, con parche en el ojo, con cara de malo...»

227. **De árbol, cuello y ballesta**
soy de los hombres nombrada,
suelo estar encarcelada,
de piernas estoy compuesta.
Muero siempre quebrantada.

Esta adivinanza hace referencia a un único asunto situado en tres lugares diferentes. De una parte, se llama así al fruto de un árbol que habita en valles y riberas; de otra, se refiere a una parte del cuerpo humano; y, por último, también se denomina de esta manera al hueso sujeto al tablero de la ballesta, el cual se utiliza para afrimar o armar la cuerda.

228. **De día traca-traca**
de noche bajo la cama.

229. **De flores blancas**
y pipas rojas
que usted las ve,
sale el negrito José.

230. **En el monte fui nacido**
y en el monte fui criado;
nombre del Señor me han puesto
porque no fui bautizado.

231. **De joven, canoso,**
y de viejo, sabroso.

232. **De mi belleza**
puedo presumir,
blanco como la cal
todos lo saben abrir,
y ninguno lo sabe cerrar.

233. **De la tierra voy al cielo**
y del cielo he de volver;
soy el alma de los campos,
que los hace florecer.

234. **De mi casa me echaron**
sin yo saberlo,
y mato a un hombre
sin yo quererlo.

235. **De mi madre nací yo,**
sin fundamento de padre;
y luego me he muerto yo
y de mí nació mi madre.

236. **De muy lejos vengo,**
a muy lejos voy,
piernas no tengo
y viajero soy.

237. **De pergaminos, o sedas,**
o papel hechos estamos;
en verano gusto damos;
las manos han de estar quedas,
si es que nuestro oficio usamos.

En siglos pasados, estos objetos se utilizaban de un modo peculiar: en general, eran las damas quienes los llevaban. En los teatros, en las reuniones y en los paseos, las mujeres lo usaban como medio para comunicarse con sus amantes. Existía un código muy complejo de movimientos y posiciones, pero los caballeros podían comprender por aquellos gestos si se les solicitaba un visita, si pedían un billete, si el marido se encontraba cerca, o si aceptaban una relación amorosa.

238. **De una madre nacidas,**
somos de agrio sabor.
Refrescamos el calor.
Más después de bien crecidas,
damos sabroso licor.

239. **Detrás de una esquina**
hay una tina
llena de flores;
si eres discreta
acierta mi nombre.

240. **Dime quién será un soldado,**
tan poco animoso y fuerte,
que viene con lanza armado,
y si al contrario ha pasado
él mismo se da la muerte.

Es característica especial de este animal darse él mismo la muerte si se decide a atacar. Y, aunque no lo comente el acertijo, tiene también fama de ser buen gobernador, por el orden y concierto que existe en su vivienda.

241. **De Santo Domingo vengo**
de ver al padre prior,
traigo los hábitos verdes
y encarnado el corazón.

242. **Desde el día en que nací,**
corro y corro sin cesar:
corro de noche y de día,
hasta llegar a la mar.

243. **Diez damas,**
cinco galanes,
ellos piden pan,
ellas piden aves.

244. Dos animales lo llevan andando,
por una punta lo van arrastrando,
por donde pasan lo van destrozando
y todo el mundo se está alegrando.

245. Doce señoritas en un mirador,
todas tienen medias y zapatos no.

246. Doy calorcito,
soy muy redondo,
salgo tempranito,
y por la tarde me escondo.

247. Dos hermanas, mentira no es,
la una es mi tía, la otra no lo es.

248. En el monte fui nacido
y en el monte fui criado;
con negro chaquetoncito
y pecho muy colorado.

249. En un puerto hay tres barcos.
Uno de ellos es crucero,
otro un gran transatlántico,
y el otro ya te lo he dicho.

250. Dos hermanitos,
muy igualitos,
que cuando llegan a viejos
abren los ojitos.

251. ¿Qué es algo y nada a la vez?
¿Qué cosa dirás que es?

252. Dos hermanos son,
uno va a misa y el otro no.

253. Olla de palo,
piedra de agua;
con gente adentro
habla que habla.

254. Doy descanso, doy tormento
al bueno y al desleal,
y el hombre más principal
quiere en mí dejar su aliento
y su vida natural.

255. Doy vueltas y no soy tiempo,
un secreto sé guardar;
si no me cuidan, me pierdo.
¿Con mi nombre sabrás dar?

256. Doy vida y puedo matar;
no hay quien me gane a correr;
siempre te estoy azotando
y nunca me puedes ver.

257. Dos hermanos son,
pero muy diferentes
en su educación.

258. En el aire me mantengo,
una cuerda me mantiene
y la cola que yo tengo
la debo a quien me sostiene.

259. El agua la da,
el sol la cría;
y si el agua le da
le quita la vida.

260. Soy liso y llano en extremo,
y aunque me falta la voz,
digo en su cara a cualquiera
la más leve imperfección;
contesto al que me pregunta
sin lisonja ni aflicción;
si la misma cara pone,
la misma le pongo yo.

El escritor alemán Jacob L. Grimm (1785-1863) es el autor del famoso cuento titulado *Blancanieves y los siete enanitos.* Su autoría permanece prácticamente oculta, debido a la gran influencia de los medios audiovisuales, que han reelaborado la narración hasta hacerla irreconocible. La versión más famosa de este cuento es la que realizó Walt Disney para el cine: son muy populares las canciones que los enanos cantaban cuando iban al trabajo o regresaban a casa. Para desentrañar la adivinanza, el jugador debe recordar el cuento, especialmente aquellos fragmentos en los que la madrastra pregunta «¿Quién es la mujer más bella del reino?» El objeto que se busca no suele hablar (tal y como señala la adivinanza), pero en el cuento no sólo habla sino que dice siempre la verdad: una verdad desoladora para la madrastra.

261. **El burro me lleva a cuestas,**
metida en un baúl,
yo no la tuve jamás
y siempre la tienes tú.

262. **El sol fue quien me dio vida,**
y el sol me suele acabar,
y hago a la gente asombrar;
y aunque del agua nacida,
al aire vuelvo a parar.

263. **En altas torres**
tocan tambores;
en salas bajas
bailan madamas.

264. **Dos torres altas,**
con mirasoles,
un espantapájaros
y cuatro andadores.

265. **En el campo fui nacida;**
en el campo me alimento;
donde quiera que me lleven
es para darme tormento.

266. **En el campo verdeguea**
y en la ciudad señorea.

Se dice de este asunto que «verdeguea», es decir, que verdea, porque el material del que está hecho, en el campo, es todavía de color verde; cuando se lleva a la ciudad, trabajado y ya convertido en lo que se intenta averiguar, ha tomado color, y realiza su función. En realidad, sólo es un símbolo de poder: así como los reyes tienen su corona, los mandatarios locales portan el objeto descrito en la adivinanza.

267. **En altas paredes,**
cantan Migueles.

268. **En el campo pace,**
en el prado nace,
la hilandera lo hila
y el herrero lo hace.

269. **En el cielo soy de agua,**
en la tierra soy de polvo,
en las iglesias de humo,
y mancha blanca en los ojos.

270. **En el mercado**
estoy negrito,
llego a la estufa
y me torno rojito.

271. **En la calle me toman,**
en la calle me dejan;
en todas partes entro,
de todas partes me echan.

272. **En el mar es donde vivo,**
plateado es mi color;
cruzo veloz como el rayo,
adivina quién soy yo.

273. **En la casa soy dama;**
en el balcón, señora;
en la mesa, cortesana,
y en el campo, labradora.

Bien se puede decir que sin este elemento no habría vida en todo el planeta. A todas sus funciones, se añaden éstas que narra la adivinanza: sirve en la casa, sirve a las plantas, sirve a la comida, y sirve a la tierra. En términos más filosóficos, los antiguos griegos sostenían que todas las cosas del mundo tenían, en distintos grados, cuatro elementos fundamentales: la tierra, el aire, el fuego y lo que se pretende averiguar. Los químicos le dan un extraño nombre: H_2O.

274. **Rodilla atrás,**
corvas «alante»,
boca de cuerno,
barbas de sangre.

275. **En el monte ladra**
y en casa calla.

276. **Ojos de gato,**
pelo de gato,
nariz de gato,
patas de gato
y no es gato.

277. **En la puerta está**
y no quiere entrar.

278. **En invierno se busca**
porque da calor,
en verano estorba
y se echa al rincón.

279. **En los montes Pirineos**
sacan los maracatones,
y en los mismos cascarones
sacan, vuelven y ponen.

280. **En los pies tengo dos ojos,**
dos puntas en la cabeza
y para trabajar
los ojos me han de tapar.

281. **En medio de un prado blanco**
hay una flor amarilla,

que la puede comer
el mismo rey de Sevilla.

Se ha de advertir al adivinador que este asunto puede ser degustado por cualquier rey, no solamente por el de Sevilla, el cual aparece en esta adivinanza porque su título es lo que mejor rima con la palabra «amarilla». Respecto a los alimentos, las normas de educación y cortesía básicas recomiendan el uso de cubiertos; sin embargo existen determinados productos para los cuales las reglas de buenos modales aconsejan utilizar las manos. Por ejemplo, es muy poco «elegante» comer espárragos con cuchillo y tenedor. También es una falta grave de cortesanía comer mariscos con cubiertos. Pues bien, lo que se pretende averiguar también hay que degustarlo utilizando los dedos. Y untando sin pudor.

282. **En un monte bien espeso**
brama un toro sin pescuezo.

283. **En una sala cuadrada**
de un palacio o convento
quien está afuera,
está dentro.

284. **Dama cruel y temerosa**
pasea por verde prado,
quien mira queda espantado.
Su traje no fue comprado
ni por el sastre cortado.

285. **En el monte verdeguea,**
y en el patio corcovea.

Se aplica a esta adivinanza la misma explicación que a la [266]. Este objeto, de todos modos, no señorea, sino que corcovea, es decir, da corcovos: da saltos como los animales cuando encorvan el lomo. En cierto sentido, también puede entenderse que es el símbolo de poder de quien lo utiliza.

286. **¿Quién hace su casa**
en la verde rama
y allí a sus hijos
solicita y llama?

287. **Entre pared y pared**
hay una santa mujer
que con el diente
llama a la gente,
y con las muelas,
a las mozuelas,
y con los colmillos,
a los chiquillos.

Se denomina «santo» a este objeto porque siempre lo hallaremos en las iglesias de toda España, repicando con su único diente, y llamando a misa.

288. **Es muy amigo del vino;**
da su aviso con trompeta;
guarda muy bien su lanceta,
y aquel que tiene buen tino
lo mata en su misma treta.

289. **Es verde y no es del huerto;**
tiene marea y no es mar;
tiene barba y no es capuchino;
si no te lo digo, Alberto,
no lo vas a adivinar.

290. **¿Cuál es aquel animal**
de condición tan notable,
que es feroz, fuerte, agradable,
inclinado a no hacer mal
al humilde y miserable?

La sabiduría popular afirma que este animal no es tan fiero como lo pintan. Su condición de rey de la selva es el origen de la idea expuesta en la adivinanza, según la cual protege, como buen monarca, a los desvalidos y utiliza la severidad con los indisciplinados.

291. **Por aquí pasó un galán**
todo vestido de seda,
ni cosido con aguja
ni cortado con tijera.

292. **Estaba tras de una puerta;**
tras de una puerta estaba;
estaba tras de una puerta,
y porque lo digo estaba.

Si el adivinador no encuentra sentido a este acertijo en una primera lectura, se ruega que lo repita una y otra vez, porque la solución se encuentra escondida entre sus palabras. Los niños y las niñas solían buscar este objeto, no tras una puerta, sino en la mesa, tras haber degustado un cordero.

293. **Mil damas en un camino,**
sin polvo ni remolino.

294. **En el campo me crié**
entre matas y lentiscos,
nunca zapatos calcé,
traje franciscano visto;
dos martirios pasaré
pero no será por Cristo
y así al cielo no iré.

Esta adivinanza encierra dos pistas que no hay que pasar por alto. Los martirios a los que se refiere son los de San Bartolomé y San Lorenzo. Bartolomé fue uno de los doce apóstoles. Su predicación se efectuó en compañía de San Mateo y San Felipe. Atendiendo a verios relatos, se sabe que predicó en las Indias, Mesopotamia, Persia, Egipto y Frigia. Se ha dicho que fue decapitado, crucificado cabeza abajo, muerto a garrotazos, ahogado, desollado, y aun por la acumulación de todos estos tormentos. La creencia más seguida es la que constituye la leyenda nestoriana. San Bartolomé convirtió al rey armenio, Polemón II, al cristianismo en su misma corte. El hermano del rey, Astiages, obligó a Bartolomé a adorar al ídolo Baldad, y la negativa de aquél le condujo al martirio. El lugar donde se produjo podría ser Albanópolis, o Urbanópolis. Otros lo fijan en la China o las Indias. Existió un evangelio apócrifo de San Bartolomé en los primeros siglos cristianos. Por alusión a la leyenda de su muerte, el arte cristiano lo representa desollado, con el cuchillo que sirvió de instrumento a su suplicio, o teniendo él mismo su piel en la mano, como en la pintura de Miguel Ángel, *El Juicio Final.* Por otra parte, San Lorenzo fue el primer diácono de la Iglesia de Roma, a quien, además de las funciones propias de esta dignidad, estaba encomendada por el Papa Sixto II la administración de los bienes. No consta la fecha exacta del martirio de San Lorenzo, pero se sabe que fue en tiempos del emperador Valeriano, a mediados del siglo tercero. San Lorenzo daba en caridad los tesoros que había en la iglesia, lo cual importunó y molestó a los ricos que habían donado esas joyas a la Iglesia. Cuando fue amonestado, pidió tres días de tiempo para poderlos recoger. Reunió un gran número de huérfanos, viudas y pobres, y los presentó al tirano como depositarios de dichos tesoros. Murió quemado vivo sobre unas parrillas, después de haber sufrido muchos otros tormentos.

295. **Este era mi pensamiento,**
el llegarte a preguntar
qué es aquello que no duerme
y siempre tendido está.

296. **Existo cuando estoy preso,**
y cuando estoy libre, muero.

297. **Fui al monte,**
pude cortar
y no pude rajar.

298. **Flor blanca,**
mata verde;
maduro se coge
y seco se vende.

299. **Falda sobre falda,**
balcón sobre balcón;
sobre el balcón una niña,
sobre la niña una flor.

300. **Guardada en estrecha cárcel**
por soldados de marfil
está una roja culebra
que es la madre del mentir.

No resultan muy halagüeñas las características con las que el adivinancero popular, en general, adorna este asunto. Si es buena, es lo mejor del mundo y dice bien de todos, y si es mala, es perjudicial. Esopo (siglo I a. C.) mandó a su amo que le sirviese el mejor alimento del mundo, el manjar más preciado (este asunto también se come), y se lo sirvió; a continuación, le pidió la peor comida del mundo, y le sirvió lo mismo.

301. **Gran cantidad de avellanas**
que de día se recogen
y de noche se derraman.

302. **Golpe va y golpe viene**
y en su puesto se mantiene.

303. **Hojas tengo sin ser árbol,**
soy como el cielo también;
pues en mi seno se asientan
los santos que hay en aquél.

304. **Habla y no tiene boca,**
corre y no tiene pies,
vuela y no tiene alas,
¿qué cosiquilla es?

305. **Hago una raya,**
vuelvo la cara
y no se halla.

306. **Incapaz soy de llorar,**
doy amparo al peregrino,
por mis ojos de continuo
lágrimas corren al mar.

307. **Juntos dos en un borrico,**
ambos andan a la par.
Doce leguas anda uno
y una el otro nada más.

308. **Lo que en el calendario abunda**
y es muchas partes del mes,
forma el nombre de una fruta
que a mí me gusta comer.

309. **La hoz en el rabo**
y la sierra en la cabeza.

310. **Lana sube,**
lana baja,
los ladrones
no trabajan.

311. **Largo como una soga,**
muerde como una loba.
¿Qué es?

312. **Largo, larguero,**
Martín caballero;
las casas coloradas,
vestidas de negro.

Se pone sobre aviso que este tal Martín caballero no tiene relación alguna con la solución del acertijo; como suele ocurrir en el adivinancero, éste aparece simplemente para favorecer una buena rima.

313. **Los paños blancos de Doña Leonor,**
a los montes tapan y a los ríos no.

314. **Largo, largo como un tren,**
y lo es, y lo es.

315. **Largo, largo, como un camino,**
y cabe en un «pucherino».

316. **Mis patas largas,**
mi pico largo,
y hago mi casa
en el campanario.

317. **Largo, largo,**
maldito lo que valgo.

318. **Maravilla, maravilla,**
¿qué será?

En el monte se crió,
y en el altar acabó.

319. **Por la mañana morcilla,**
y por la noche tripilla.

320. **Mi comadre la Patoja**
pasa el río y no se moja.

«Patoja» es la persona que tiene las piernas o los pies torcidos o desproporcionados, e imita al pato al andar meneando el cuerpo de un lado a otro.

321. **Marea va,**
marea viene,
y en un punto
se mantiene.

322. **Me hincho tanto, tanto,**
que me deshago en llanto.

323. **¿Me adivinas, por fortuna,**
cuál es el ave sin ala ninguna?

324. **Me llaman lavandera**
y no conozco el jabón.

325. **Más de cien damas hermosas**
vi en un instante nacer,
encendidas como rosas,
y al instante perecer.

326. **Laborioso, laborioso,**
construía su casita
y cuando acabó de hacerla
ya no era él sino ella.

327. **Mi madre es tartamuda,**
mi padre es cantador,
tengo blanco mi vestido,
amarillo el corazón.

328. **Mi compañerita y yo**
andamos en un compás,
con el pico hacia adelante
y los ojos hacia atrás.

329. **Pico de cuerno,**
ala de ave,
rodilla atrás
y anda adelante.

Se refiere este acertijo al mismo animal que en la adivinanza 327 se califica como tartamuda. Cuando este animal está ciego, se convierte en un juego infantil. Por otro lado, cuando nuestra piel se pone como la piel de ese animal, es probable que algo nos aterrorice, nos espante o, simplemente, tengamos un escalofrío o repeluzno. Además, una conocida fábula relataba cómo dos pobres granjeros tenían en su corral un ejemplar de esta especie. Era un ejemplar singular, porque ofrecía unos productos dorados de gran valor. Los granjeros mataron al pobre animal creyendo que todo su cuerpo estaría repleto de oro, pero no fue así, y, por avaricia, lo perdieron todo.

330. **Muchas lamparitas**
muy bien colgaditas,
siempre encandiladas
y nadie las atiza.

331. **Mientras más cerca, más lejos,**
y mientras más lejos, más cerca.

332. **Míralo del derecho y del revés;**
viene y va; va y viene.
Si taba no es,
¿qué será?

333. **En una sábana blanca**
dos agujeros haré,
que coincidan con los ojos,
y así me disfrazaré.
¿De qué me disfrazaré?

334. Mis dientes son afilados,
mucho brillan al sol;
me falta la boca,
aunque soy un comilón.

335. Alto palacio,
rica hermosura,
paño labrado,
fruta ninguna.

336. Millares de hermanos,
rubios como yo,
le damos la vida
al que nos tiró.

337. Me usan en verano,
pero no en invierno;
hago el agua fresca
en el mismo infierno.

338. Nace cantando,
muere al momento.
No tiene carne,
sangre ni hueso.

339. Nació dentro de olivares,
salió de él en su verdor,
gruñe mucho con calor,
si se envicia con pesares,
y mancilla a su señor.

340. Nací en tu cuerpo contigo.
Yo te acompaño y te aliento.
Y aunque a veces te atormento,
si te faltase este amigo,
no contarás más el cuento.

341. Palmo, palo y plomo soy,
y soy cosa tan ligera,

que cuando quiero me marcho
sin tocar los pies en tierra.

Cuando Dios se enojó con el género humano y decidió purificar la Tierra, hizo que lloviera durante cuarenta días y cuarenta noches, y la faz de la Tierra se inundó y todos los hombres y animales murieron. Excepto Noé y su familia. Para no tener que volver a crearlo todo de nuevo, Dios encargó a Noé que hiciera un arca, un barco, donde se refugiarían dos ejemplares de cada especie animal, macho y hembra. Tras los cuarenta días, todo estaba inundado. Quiso Noé saber si había algún lugar seco y para ello soltó un cuervo, el cual volvió al no hallar tierra firme. Después soltó Noé otra especie de ave: «Por la tarde regresó con una ramita de olivo verde en el pico, por donde supo Noé que habían disminuido las aguas sobre la tierra». (*Génesis,* 8, 11.) Por esta razón aquel animal quedó en la simbología occidental como representación de la esperanza y de la paz entre los hombres.

342. **Nadie lo ha visto en el mundo**
ni lo ha llegado a tocar,
y ha derribado más casas
que arenas tiene la mar.

343. **Negra soy, bien estimada,**
y no esclava, sino exenta.
Y aunque suelo ser comprada
ayudo a cualquiera cuenta
porque sin mí será errada.

344. **No es soldado**
y llega a cabo.

345. **No tengo nada de linda,**
ni tengo nada de coja,
y entre el telar y la casa
me paso la vida toda.

346. **Nunca podrás alcanzarme,**
por más que corras tras mí,
y aunque quieras retirarte
siempre iré yo junto a ti.

347. **Tiene cola y cuatro patas,**
bigotes y dos orejas,
y no es la gata.
¿Qué es?

348. **Primero fui blanca,**
después verde fui;
cuando fui dorada
¡ay, pobre de mí!

Algunos autores proponen quedarse «a la luna de Valencia» para dar con la solución a esta adivinanza. Dicen esto porque los españoles, y los europeos en general, saben que el objeto buscado nace en abundancia en el levante peninsular, y que en esos parajes el producto es de gran calidad y en extremo sabroso.

349. **Por dentro es maciza**
y su piel rugosa;
unas partes con agua
y otras con rocas.

350. **Una vieja titiritaña**
que sube y baja
por la montaña.

351. **Pica, picando,**
colita arrastrando.

352. **Pino sobre pino,**
sobre pino, lino,
sobre lino, flores,
y alrededor amores.

353. **«Pi» dicen los pollos;**
miento, digo verdad.
El que no acierte este acertijo
será un bruto animal.

354. **Pico sin tener enojos**
y sin nacer soy de corte,
pero muchos con arrojos

los dedos, viendo mi porte,
me los meten por los ojos.

355. ¿Qué cosa es?
Una cosa muy bonita
que tiene alas
y se pone en la cabeza.

356. ¿Qué cosa es cosa
que entra en el agua
y no se moja?

357. ¿Qué cosa es
que cuanto más grande
menos se ve?

358. ¿Qué cosa es
que todos tenemos
pero no la vemos
y sólo la sabemos
porque lo cogemos?

359. ¿Qué cosa es,
lo que te agarra
y no lo ves?

360. En el balcón,
soy señora;
en la calle,
cortesana;
y en el monte,
labradora.

361. ¿Qué cosa no ha sido
y tiene que ser
y cuando se pasa
deja de ser?

362. ¿Qué cosa será,
y es de entender,

que cuanto más le quitan
más grande es?

363. ¿Qué es algo
y nada a la vez?

364. ¿Qué cosa es?
Hace espuma,
quita las manchas
y huele muy bien.

365. ¿Qué es la cosa que desmaya,
estando muy viva al hombre,
poniendo su vida a raya?
Si la mata, pierde el nombre
o hace que luego se vaya.

366. ¿Qué es lo que se compra
para comer
y no se come?

367. ¿Qué será que está en la puerta
y no quiere entrar?

368. ¿Qué será, que será,
que tantas vueltas da?

369. ¿Quién es aquel que va allí,
que no es dueño de sus pies?
Lleva la tripa arrastrando
y el espinazo al revés.
Cuando empieza a caminar
se entra los pies en el vientre,
y los pasos que va dando
no hay nadie que se los cuente.

El mundo conoció en la segunda mitad del siglo XVII, por primera vez, los usos de las máquinas de vapor, cuando el marqués de Worcester ideó una máquina elevadora de agua movida por vapor, que precisaba para su funcionamiento la apertura y cierre a mano de dos espitas, en forma alternativa. Papin creó en 1690 el pistón movido por vapor y construyó en 1707 una máquina de vapor, pero la primera máquina práctica fue construida en 1697 por Thomas Savery, para la extracción del agua en las minas. A esta máquina, y con el mismo fin, siguieron otras como la de Newcomen y Cawley en 1712. Sin embargo, el avance más considerable se produjo cuando Watt, en 1767, introdujo el doble efecto y dotó a la máquina de un condensador. Su máquina comenzó a usarse en la industria hacia 1785. Los telares industriales, los ferrocarriles y otros medios de transporte se beneficiaron de este invento prodigioso, en el siglo XIX. Fue el inicio de la llamada *revolución industrial*. El proceso resulta muy sencillo, desde la perspectiva de nuestros tiempos: consistía en aprovechar la fuerza del vapor de agua cuando se comprime y se libera. Su potencia hace girar bielas, turbinas y engranajes, y los mecanismos desarrollan una fuerza capaz de mover toneladas. Como curiosidad, cuando el ferrocarril con máquinas de vapor comenzó a funcionar en Inglaterra, se levantó una gran polémica en la prensa londinense. El problema era si el cuerpo humano era capaz de soportar la velocidad endiablada a la que se desplazaba aquel monstruo de hierro: 20 kilómetros por hora.

370. **¿Qué será, qué no será,**
que mientras más se cuece
más duro está?

371. **¿Quién será esa dama rubia**
que va con el pelo suelto,
por un campo muy florido
sin guía ni compañero?

372. **Corona está en mi cabeza,**
calzo espuela pavoneada,
tengo barba colorada,
mi sueño muy presto empieza
y madrugo a la alborada.

373. **En el monte viví yo,**
niño, mancebo y soltero,
y padecí los martirios
de Bartolomé y Lorenzo.
No soy santo ni diablo
no puedo entrar en el cielo.

374. ¿Quién será, será,
que de noche sale
y de día se va?

375. Cargadas van,
cargadas vienen,
y en el camino
no se detienen.

376. Redondita como un queso
y chilla como un conejo.

377. Redonda como una taza
y va conmigo a la plaza.

378. Soy chiquitito,
puedo nadar;
vivo en los ríos
y en alta mar.

379. Redondo como una bola,
tiene asa, pico y boca.

380. Cortar sin tijera,
coser sin aguja,
echar zancos largos
y andar de carrera.

381. Redondito como un queso
y con cien metros de pescuezo.

382. Yo como sin tener boca,
doy mucho gusto y pesar.
Viénenme a despedazar,
hácenme mucho de poca,
hombre y bruto es mi manjar.

Un refrán español señala al respecto que «con gusto, no pica». Los médicos lo definen como «enfermedad del hombre y de los animales, caracterizada por vejigas y pústulas que producen un intenso picor».

383. **Soy el Dartañán del mar,**
de finísima estocada,
que me dedico a pescar
con mi nariz hecha espada.

La adivinanza popular se refiere a D'Artagnan, uno de los héroes, junto con Athos, Porthos y Aramis, de la novela *Los tres mosqueteros* (1844), obra del escritor francés Alejandro Dumas (1802-1870). Tanto el protagonista como sus tres inseparables compañeros, hacían gala de utilizar la espada con maestría, especialmente en sus luchas con los secuaces del malvado cardenal Richelieu.

384. **Redondita y pequeñita**
para matarme me aplastan,
y un caldo precioso hacen
con el jugo que me sacan.

385. **Soy un animal**
que tiene dos patas,
un pico y dos alas.

386. **Siendo de humilde pasar,**
sin blasones ni instrucción,
dejo atrás los caballeros,
las damas y el gran señor.

387. **«Sí, mona, así te quiero»,**
un galán aseguraba,
y a su dama así le daba,
astuto, su nombre entero.

388. **Soy huésped aborrecible,**
nadie quiere tenerme,
y no se acuerdan de mí
sino cuando ya me tienen.

389. **Salimos cuando anochece,**
nos vamos al cantar el gallo,
y hay quien dice que las ve,
cuando le pisan un callo.

Indudablemente, por lo que toca a este asunto, se pueden encontrar adivinanzas más poéticas que la presente. Pero no deja de ser cierto que, en momentos de dolor físico, por ejemplo, como describe el acertijo, «cuando a uno le pisan un callo», nos acordamos de ellas y de todo el firmamento. Algunos individuos poco piadosos recuerdan a los santos en estos instantes de dolor agudo.

390. **Se saca de la mesa,**
no se come ni se bebe,
pero se corta y se sirve.
¿Qué es?

391. **Se siente contento**
cuando el sol se va;
afina su garganta
y se pone a cantar.

392. **De verde esmeralda**
sobre la tapiada,
rabo rabilargo,
pata estirada,
corre que te corre,
mocita salada.

393. **Subo llena**
y bajo vacía,
si no me apuro
la sopa se enfría.

394. **Se sirve,**
se parte,
pero no se come.

395. **Nico, Nico y su mujer**
tienen cola, pies y pico
y los hijos de Nico, Nico,
ni cola, ni pies, ni pico.

He aquí a toda la familia: la madre tartamuda, el padre cantor, y los hijos deliciosos, degustados por el mismísimo rey de Sevilla, a los que hace referencia la adivinanza 281.

396. **Ni ladra, ni muerde,
pero no te deja entrar en casa.**

397. **Sin tener alas, yo vuelo;
tengo cola, y no soy ave,
y, como bien lo sabes,
sin viento me vengo al suelo.**

398. **Alta en altura,
delgada en cintura,
muchos aposentos,
puerta ninguna.**

399. **Sin ser blanco soy alba
y añil sin ser tinta.**

400. **Sirviente soy de sabios,
mi oficio, aunque me faltan lengua y labios,
es decir la verdad y la mentira
a todo el que me mira,
y tanto más me estiman mis señores,
cuanto más firme tengo los colores.**

401. **Somos siete hermanitos,
que sólo vivimos un día,
cuando uno nace, otro muere,
y así pasamos la vida.**

Sus siete nombres han sufrido modificaciones a lo largo de la Historia. Se nombran de modos distintos dependiendo del idioma que se utilice. Por ejemplo, el cuarto hermano se llama en Burdeos *Jeudi*, pero en Boston es conocido como *Thursday*; en Hamburgo se le da el nombre de *Donnerstag*. En español sus nombres derivan de los nombres de los planetas: la Luna, Marte, Mercurio, Júpiter, Venus y Saturno. El hermano mayor tomó su nombre del latín *Dominicus*, es decir, el Señor, Dios.

402. **Soy chica y soy ligera,
y, a pesar de esto, es muy cierto
que no puede ningún vivo
tenerme un ratito en peso.**

403. **¿Quién te causa ser viviente**
siendo origen de tu ser,
y te da brío, y poder;
hácete flaco, o valiente,
estar triste, o con placer?

Más pistas para resolver esta adivinanza: se dice de quien lo tiene grande, que es persona buena, amable y generosa. Cuando se habla con él en la mano, se da a entender que se es sincero y honesto. Cuando este objeto se tiene limpio, quiere señalarse que no se es malicioso ni perverso. Cuando a uno se le parte, es porque sufre mucho o lamenta alguna cosa en extremo. Finalmente, cuando uno convierte las tripas en este asunto, es porque se muestra valeroso o bien se resigna a los acontecimientos.

404. **Soy bueno y malo a la vez,**
me buscan y huyen de mí,
y a lo que me da la vida
acostumbro a destruir.

405. **Soy dama cruel y temerosa,**
me paseo por un verde prado,
todo el que me mira
se queda espantado,
y tengo un vestido
que no fue comprado,
ni por la mano
de un sastre cortado.

406. **Soy alguacil de las damas**
y ministro singular:
ando cargado de varas
sin prender ni castigar.

407. **Siempre quietas,**
siempre inquietas;
durmiendo de día,
de noche despiertas.

408. **Soy hijo de la ocasión,**
y un mal muy apetecido,

que si fuera aborrecido,
sacara de su pasión
al más peligroso herido.

409. Soy alta y delgada,
tengo un ojo,
hago vestidos
y no me los pongo.

410. Soy un caballero muy aseñorado,
tengo doce damas para mi regalo;
todas van en coche y gastan sus cuartos,
todas usan medias, pero no zapatos.

411. Soy limpia de condición,
háceme que no lo sea,
quien en oficio me emplea
de visitar el rincón
que curioso ver desea.

412. Hablo y no pienso,
lloro y no siento;
río sin razón
y miento sin intención.

413. Soy un santo con nombre de flor,
y a pesar de este retrato,
me confunden con zapato.

Como en tantas otras adivinanzas, la solución se obtiene uniendo y componiendo dos palabras que tienen significados independientes. La unión de estas dos palabras da como resultado una nueva y con significado propio. Si las palabras están dispuestas sucesivamente en el texto, se llama *calambur*, como en «Oro parece, *plata no* es».

414. ¿Cuál es aquel animal
que siendo macho o hembra
ambos dan a luz igual?

415. **Soy un hombre con cabeza,**
sin manos y con un pie,
dieron sobre mi cabeza,
y al mismo Dios sujeté.

Cristóbal Pérez de Herrera (1556-1620), en sus *Proverbios morales* (1618), decía de este objeto que es muy desdichado, pues continuamente se vende y se compra, y su dueño le da tantos golpes que, a veces, le quebranta la cabeza. En ocasiones, se dice que dar en él es acertar.

416. **Soy redonda, soy de goma,**
soy de madera o metal,
acostumbro a ir a parar
con otra amiga igual.

417. **Tiene la hoz en el rabo**
y la sierra en la cabeza,
aciértalo sin pereza.

418. **Soy redonda como el mundo,**
verde como el laurel,
colorada como la grana,
y negra como la pez.

419. **Blanca nace,**
verde se cría,
y viene a las casas
con alegría.

420. **Tamaño como una almendra,**
y toda la casa llena.

421. **Tamaño como una arista,**
y hace al rey que se vista.

422. **Tamaño de una cazuela,**
tiene alas y no vuela.

423. **Grandes patazas,**
chicas manitas,

lindos colores
en mis alitas;
salto, y no sé
dónde caeré.

A pesar de las dudas de la adivinanza, es necesario señalar que este animalito, cuando salta, cae siempre en el monte. El historiador británico, Gerald Brenan (1894-1987) dijo: «Cuando el... concentra sus energías para saltar no se sabe dónde aterrizará». Con ello dio a entender la extrema inconsecuencia de dedicar todos los esfuerzos a una tarea cuyo fin o destino se desconoce.

424. **Tamañito así,**
y tiene su nariz.

425. **Tanto como en el invierno**
es objeto aborrecido,
es en verano querido,
buscado con afán tierno,
reservado y aplaudido.

426. **Tengo cabeza redonda,**
sin nariz, ojos ni frente,
y mi cuerpo se compone
tan sólo de blancos dientes.

Hay muchas leyendas referidas a estos blancos dientes. Por ejemplo, llevar muchos de ellos, entrelazados, en el cuello, ponen a cubierto de la mala suerte. También son recomendables para mantener a los vampiros alejados. Bram Stoker (1847-1912) publicó en 1897 su famosa novela *Drácula* en la que el doctor Van Helsing recomienda el uso preventivo de este bulbáceo contra vampiros y chupasangres. Por otro lado, un refrán castellano advierte que la persona que se enfada, que «se pica», ha comido o come esta planta.

427. **Teque teteque**
por los rincones,
tú de puntitas,
yo de talones.

428. **Tiene patas y no anda,**
tiene alas y no vuela.

429. **Aunque en el circo me exhiben,**
en la selva me persiguen.

430. **No me digas, pardiez**
que valgo poco
aunque poco, en verdad,
valga mi moco;
si me vas a comprar,
valdré un sentido,
pues me tratan de rey
por mi vestido.

Es muy popular degustar este manjar durante las fechas navideñas, acompañado de puré de castañas o de salsa de cerezas. Otras pistas para el lector: cuando un asunto tiene importancia o valor, se dice que no es moco de este animal. Cuando una persona está en la edad de este animal, se hace referencia a la adolescencia. Si se le sube a uno, da a entender que esta persona se está ruborizando y sonrojando. Y si, en un baile, una mujer se queda sin bailar, por no haber sido invitada a ello, familiarmente se comenta que come este animal.

431. **Tiene ojos y no ve,**
y masca y no traga.

432. **Tengo cabeza de hierro**
y mi cuerpo es de madera,
al que yo le piso un dedo,
menudo grito que pega.

433. **Tínguili-tínguili**
está arriba,
tóngolo-tóngolo
está abajo;
si tínguili-tínguili
se cayera,
tóngolo-tóngolo
se lo comiera.

Esta adivinanza es una de las más sonoras de las que se han recopilado en este adivinancero. Y de las más difíciles. Se advierte que tanto «tínguili» como «tóngolo» no tienen ninguna significación especial, sino que es un elemento desorientador. Los campesinos españoles suelen decir que el «tínguili» es el único fruto que lleva boina. Por otro lado, no deja de ser curioso que, siendo el «tóngolo» el más puerco de los animales, guste tanto a los hombres. Más identificable es la siguiente adivinanza, en la que se sugiere que «péndole» es un objeto que cuelga, y que «dórmili» es algo o alguien que permanece dormido debajo:

433a. **Si péndole, péndole no cayera,**
dórmili, dórmili se muriera.

434. **Todos pasan por mí,**
y yo no paso por nadie;
todos preguntan por mí,
y yo no pregunto por nadie.

435. **Tú de puntitas,**
yo de tacones,
tiqui, tiqui, tiqui,
por los rincones.

436. **No es un artista de circo,**
no es un bicho de gran belleza,
solamente que camina
con los pies en la cabeza.

437. **Tiene hojas y no es nogal,**
tiene pellejo y no es animal.

438. **Todo vestido de seda,**
ni cosido con agujas,
ni cortado con tijeras.

439. **Treinta y dos sillitas blancas**
en un viejo comedor,
y una vieja parlanchina,
que las pisa sin temor.

440. **Una palomita,**
blanca y negra;
vuela sin alas
y habla sin lengua.

Comenta Cicerón (106 a. C.-43 a. C.), político, orador y filósofo romano, a propósito de este objeto: *Epistola non erubescit.* Con ello, el pensador latino señalaba que este objeto habla sin empacho ni vergüenza, que no se sonroja ni se ruboriza.

441. **Un cántaro lleno,**
¿de qué pesa menos?

442. **Un corral de vacas blancas**
y en medio la «colorá».
¿Qué será?

443. **Un campo bien labrado,**
no gasta reja ni arado.

444. **Un bulto veo venir,**
sus pasos no hay quien los cuente,
y cuando se acerca a mí
meto mi cuerpo en su vientre.

445. **Un fraile motilón**
con el hábito blanco
y amarillo el corazón.

446. **Una dama muy hermosa**
con un vestido de oro,
siempre volviendo la cara
ya de un lado, ya de otro.

447. **Símbolo de lealtad,**
dechado de sufrimiento,
tipo de fidelidad,
espejo de sentimiento
y modelo de amistad.

448. **Un tintín,**
un tantán,
un garabatín,
y un garabatán.

449. **Un animalito**
con cuatro dientes,
que nos trae comida
muy diligente.

450. **Una cosa colorada**
tiene pelos y no es lana;
pica y la come el señor.
Usted que es tan resabido,
adivine este primor.

Existe un refrán castellano que comenta que el asunto de este acertijo: «... y queso traen la Corte en peso». Son estos dos elementos provechosos y necesarios para excitar el apetito de la gente regalada e importante. Antaño, era habitual que los cortesanos aduladores llevaran estos productos al rey. Eran alimentos muy apreciados por las clases distinguidas.

451. **Unas viste la luna,**
otras viste el sol,
todas juegan al corro,
y hermanas son.

452. **Una cara y dos manos**
pegadas a la pared.
¿Qué es?

453. **Una copa redonda y negra,**
boca arriba está vacía,
y boca abajo está llena.

Se utiliza frecuentemente este objeto como caja de sorpresas de magos y prestidigitadores, quienes, por arte de birlibirloque y encantamiento, hacen aparecer pañuelos o conejos. En la actualidad es un objeto poco utilizado, pero en el siglo XIX era un elemento común de la indumentaria. Dependiendo de su aspecto, de sus materiales o de su uso, tienen nombres diferentes: «bombín», «canotier», «pamela», «salacot», «tricornio», «cogotera», «hongo», o «chistera».

454. **Una cosa redonda que no es bola.**
Es verde, no es prado.
Tiene agua, no es fuente.
Tiene dientes y no muerde.

455. **Crece y mengua y no es el mar,**
tiene accidentes de luna;
su cama es de piedra dura,
su corona es de cristal.

456. **¿Cuál es el bruto lozano,**
de corta y flaca memoria,
nombrado en divina historia,
cantor arrogante y vano,
con que gana la victoria?

Una variante algo más compleja de las adivinanzas tradicionales que hemos reseñado al principio del libro (números 16, 16a y 16b) es ésta de corte clásico y menos recitada popularmente. Igual que ocurría en aquellas, de forma soterrada, estos versos hacen una referencia más explícita a las características morales que se le suponen al animal: arrogancia y vanidad. Defectos de carácter que se atribuyen a las personas a las que, despectivamente, se tacha de «gallos».

457. **Una torre muy alta, muy alta,**
a la que la cal y el canto le falta,
tiene bóvedas más que un ciento,
y la lleva y la trae el viento.

458. **Uno larguito,**
dos más bajitos,
otro chico y flaco,
y otro gordazo.

Son desiguales en el tamaño, e incluso en el nombre. Respecto a ellos, los padres suelen contar a sus hijos el siguiente cuento: el más pequeño fue a por leña; el siguiente la partió; éste fue a por huevos; el otro los frió; y el más gordo se los comió. A los bebés, mostrándoselos, se les asegura que «cinco lobitos tiene la loba, cinco lobitos detrás de su escoba».

459. **Adivina, adivinanza,**
¿cuál es el ave
que escarba en la paja?

460. **Una dama en un verde prado**
que tiene un vestido de seda bordado.

461. **Uso aguja sin coser,**
corto sin tijeras,
ando sin pie.

462. **Una vieja jorobada**
tuvo un hijo enredador,
unos hijos buenos mozos
y un nieto predicador.

Esta adivinanza hace referencia al proceso de nacimiento, crianza y cultivo de uno de los productos más importantes de la cultura occidental. El saber popular llama «predicador» al resultado final porque se utiliza en la liturgia cristiana. En el episodio bíblico relatado por los evangelistas se dice que, en la Última Cena, Jesús comparó su sangre con el contenido de los vasos. Por esta razón, se conmemora la Eucaristía con el líquido al que hace referencia la adivinanza.

463. **Una vieja tontiloca,**
con las tripas en la boca,
llama a gente y alborota.

464. **Una señora alta y delgada,**
con la cabeza colorada.

465. **Una figura sin pies**
corría, andaba y saltaba;
andaba de mano en mano
y nunca estaba parada.

466. **Voy por el valle**
dando palmadas,
soy presumida, soy vanidosa,
me gusta y me gusta girar.
¿Quién soy?

467. **Vasija blanca,**
sin puertas
ni trampas.

468. **Va al prado, no come;**
va al río, no bebe,
y con su cántico
se mantiene.

469. **Verde como el pasto,**
pasto no es;
habla como el hombre,
hombre no es.

470. **Redondito, redondito,**
siempre andando,
siempre andando,
y no se mueve de su sitio.

471. **Vieja,**
alta,
seca,
y macheteada.

472. **Vestida nací,**
por más gentileza,
cortáronme gentes
mi pobre cabeza,
ando por el mundo,
gimiendo y llorando,
y con lágrimas negras
voy hablando.

Nace del alón del ave, y de ahí la sacaron para cortarla. De por sí es muda, pero guiada por la mano, acaba diciendo mucho, siempre con lágrimas negras, lo que no es impedimento para que transmita buenas nuevas.

473. **Tendrás mi nombre feroz**
con un tercio de Mijares,
un tercio de Badajoz
y otro tercio de Linares.

474. **Vuela sin alas,**
silba sin boca,
pega sin manos,
y no se toca.

475. **Vueltas y vueltas**
doy sin cansarme;
cuando no bebo,
paro al instante.

476. **Verde nace,**
verde se cría,
y verde sube
los troncos arriba.

477. **Vuela en el aire,**
pace en la tierra,
se posa en los árboles,
anda en la mano,
se deshace en el horno
y se ahoga en el agua.

478. **Verde fue mi nacimiento**
y de luto me vestí;
los palos me atormentaron
y oro fino me volví.

Es apreciado el objeto de este acertijo en cualquiera de sus etapas: cuando es verde o negro, o cuando, tras ser apaleado y torturado, se convierte en un líquido espeso y dorado.

479. **Soy águila en ligereza,**
me visto de religiosa,
tengo las barbas de oso
y mi cuerpo sin costillas;
lo que más me maravilla
entre brutos diferentes
es que tengo solamente
dientes en las pantorrillas.

480. **Armado de acero fino,**
no hallo quien me reporte,
soy agudo y muy ladino,
y traigo a la Corte, corte.

481. **Yo estoy hecho de mil pedazos,**
tengo una mano y un brazo
en la mitad de mi cuerpo.

482. **Te canto con mejor arte,**
te apuñalo y me retiro
con la música a otra parte.

483. **Yo soy un joven gallardo,**
de claros rayos vestido,
y algunas veces de pardo,
por tiempos me enfrío, y ardo,
y el mundo y sus cosas mido.

484. **Yo tengo calor y frío,**
y no frío sin calor.

485. **Yo soy aquel desdichado**
que es tan grande mi bajeza
que después que me has comprado
y tu esclavo me has llamado
me quebrantas la cabeza.

486. **Yo soy aquel que nació**
para ser acuchillado,
soy sin estudio letrado
y de aromático olor:
el que quisiere saber
una cosa de mi nombre,
está en San Bartolomé.

Esta adivinanza no guarda relación con el martirio que padeció San Bartolomé (véase 294). Para la resolución de este acertijo, se deben buscar, seleccionar, y ordenar algunas de las letras que componen el nombre del mártir. Este tipo de juego se corresponde con una figura literaria de dicción: el *anagrama.* Consiste en una transposición de las letras de una palabra o sentencia, de la que resulta otra palabra o secuencia distinta.

487. **Soy animal y no soy animal,**
seré animal después.
Si me vuelvo animal, se me comen,
y si no me vuelvo, también.

488. **Un señora muy señoreada**
llena de brillantes
y toda estrellada.

489. **Una vieja titiritaña**
subiendo por una caña.

490. **Tiene las orejas largas,**
tiene la cola pequeña,
en los corrales se cría
y en el monte tiene cuevas.

491. **Por aquel camino va**
caminando quien no es gente;
adivínelo el prudente
que el nombre se quedó atrás.

492. **Soy una cosa impalpable,**
en absoluto hago ruido
y por todo el mundo vivo.
¡Ojo!, quien me menciona
es quien me rompe.

493. **Ningún carpintero,**
por mucho que se repita,
hace arca tan pequeñita.

494. **¿Quién es aquel desdichado**
veraniego, tembloroso,
simple, fanático, alado,
que de luces codicioso
muere a fuer de confiado?

Se cría este animal entre hierbas y fenece en la luz, a pesar de lo cual se acerca a ella, mariposeando. El escritor polaco Witold Gombrowicz (1904-1969), compara este animal con el hombre: «El hombre es como la..., se precipita ciegamente hacia la llama aunque le hiera y le queme».

495. **Mar parece,
mar no es,
espinas tiene,
pescado no es.**

496. **Tul y no es tela,
pan, pero no de mesa.**

497. **Largo de crin,
corto de cintura,
muchos aposentos
y puerta ninguna.**

498. **Roja muy roja,
color de sangre,
soy la alegría
de los trigales.**

499. **Con dos patas encorvadas
y dos amplios ventanales
quitan sol o dan visión
según sean sus cristales.**

500. **¿Cuál de los floreales
es la que lleva en su nombre
las cinco vocales?**

501. **Verde soy y verde seré,
no me toques que te picaré.**

502. **Entre el remolque
y el hacha
se acierta la...**

503. **Hay quien bebe por la boca,**
que es la forma de beber;
pero sé de alguien que bebe
solamente por los pies.

504. **Bello tamarindo,**
bello tamarón,
si quieres que siga,
tiene cascarón.

El asunto de esta adivinanza es el fruto de un árbol, particularmente de la especie llamada *Quercus*, a la cual pertenecen, entre otros, los robles, las encinas y los alcornoques. Sin embargo, no son necesarios conocimientos botánicos para dar con la solución: la adivinanza ofrece, en sí misma, el resultado, por medio del juego de palabras llamado calambur (véase la adivinanza 413).

505. **No entro en cuestiones de honor,**
de armas yo no entiendo,
mas sin mí, en este mundo,
no habría caballeros.

506. **Un animalito,**
culo de botijo,
pico de mordaza,
cabeza de taza.

507. **Soy domada y redomada**
y de muchos paseada
y más casta que Lucrecia;
todos me tienen por necia,
qué mucho si voy herrada.

Lucrecia fue hija del romano Lucrecio Tricipitino y esposa de Tarquino Colatino, muy celebrada como tipo de mujer hacendosa. Tito Livio narra la historia de esta dama. Durante el sitio de Ardea, los hijos del rey Tarquino y su primo, Tarquino Colatino, quisieron saber en qué ocupaban el tiempo sus mujeres durante su ausencia, por lo que abandonaron el sitio y se presentaron en Roma, en donde residían aquéllas. Parece que solamente Lucrecia estaba ocupada en tareas provechosas, pues se entretenía hilando lana con sus esclavas; las otras mujeres se dedicaban exclusivamente a las diversiones. La belleza y laboriosidad de Lucrecia causaron impresión en Sexto Tarquino, que se sintió preso de impúdicos deseos. Se trasladó a Roma y pidió hospitalidad a Lucrecia. Aprovechando la oscuridad de la noche se introdujo en su cámara y la violó. Al día siguiente, Lucrecia hizo llamar a su padre y a su marido y les narró el ultraje de que había sido objeto. En presencia de ellos, la joven se dio muerte atravesándose el pecho con un puñal. Este hecho fue la causa de la expulsión de los Tarquinos de Roma (510 a. C.), y de la fundación de la República romana. Pues bien, en esta adivinanza se compara a esta Lucrecia con un cierto animal.

508. **Orejas largas,**
rabo cortito;
corro y salto
muy ligerito.

509. **Con cinco letras primeras**
me dicen que casta soy,
y es cierto que engendro y doy
otras hijas venideras
adonde enterrada estoy.

510. **Cien doncellas en un campo**
todas vestidas de blanco.

511. **Es un líquido color de oro**
que no es ningún licor,
es espeso y buen alimento;
para cualquier cocina resulta
imprescindible fundamento.

512. **Vivo en lo alto de un castillo,**
pendiente estoy de una soga,
mi prisión, dos armaduras,
mi vigilante es un casco,
una muralla tostada,
mi corazón blanco y blando.

Esta adivinanza nos describe bellamente, y en una jerga casi militar, un delicioso fruto, al que se accede después de derribar armaduras, cascos y murallas. La terminología castrense hace referencia a la dureza de su cáscara, considerada una de las más duras entre los productos vegetales. Se degusta a finales de agosto, aunque también se puede comer antes de su madurez. El único inconveniente cuando se come verde es la necesidad de subir «a lo alto del castillo», al árbol, para recogerlo.

513. **Duro por arriba,**
duro por abajo,
cabeza de víbora,
y patas de palo.

514. **Méteme el cuchillo**
verás que amarillo.
Méteme en el pozo
verás que sabroso.

515. **Frito me comen muy rico,**
mi mujer es muy picante,
rojo y verde en el vinagre;
en otoño me recoge
el hombre de saco grande.

516. **Una señorita muy arrugadita**
con un palito atrás;
pasa tonto, que lo acertarás.

517. **Pie por pie fueron calzando**
hasta los cien que tenía
y para calzarle todos
tardaron más de cien días.

518. **Aéreos, luminosos,**
acuosos o eléctricos,
unos son benignos,
otros son maléficos.

Resulta un espectáculo verlos en las noches claras y rasas, cuando aparecen en forma de lluvia. La creencia popular asegura que cuando se observa uno de ellos y, al mismo tiempo, se piensa un deseo, éste se cumple. La antigüedad, en cambio, indicaba que su presencia era presagio de sucesos extraordinarios. Habitualmente se entendía que anticipaban catástrofes y desgracias. El más famoso de la Historia fue el que se pudo ver en Belén, en el año 1 de nuestra era.

519. **¿Qué animal hay en la tierra**
que en algo al hombre parece,
que el que a imitarle se ofrece
la virtud de sí destierra
e infame nombre merece?

520. **Ahora piso un blanco,**
ahora piso un negro;
no soy un tirano.
¿No ves que es un juego?

521. **Algunos corren,**
uno pita,
dos detienen
y muchos gritan.

522. **Azul,**
o rosa,
o cubista,
siempre artista.

Esta adivinanza hace referencia a uno de los artistas más representativos de la pintura contemporánea española. Nació en Málaga en 1881. Comenzó temprano su trayectoria creativa, con una primera exposición en Barcelona en 1900. El acertijo describe las tres épocas pictóricas fundamentales de su obra. La *época azul*, hacia el año 1901, en la que prescinde de la variedad de colorido en sus cuadros, descollando el azul. Años más tarde, en 1906, da comienzo su *época rosa*, con abundantes pinturas de arlequines y figuras circenses. La última etapa que describe esta adivinanza es la cubista, en 1907, en la que propone una geometrización de las formas y de los volúmenes. Una de sus magníficas obras es el *Guernika*, realizado en 1937, para la Exposición Universal de París, en la que denuncia el ataque de la aviación alemana sobre este pueblo del País Vasco.

523. **Cuatro andantes,**
cuatro mamantes,

un quitamoscas,
dos apuntantes.

524. **Blanco fue su nacimiento**
y se convirtió en tizón,
tiene manos de león
y cuello de calabaza;
anda en fila a la caza
y come bien en su casa.

Se distingue este animalito por ser ejemplo de trabajo y organización. Todos sus miembros juntos dan la imagen de ser un ejército muy bien capitaneado. Las fábulas clásicas hacían referencia a este bicho en contraposición a la cigarra, un insecto de costumbres holgazanas y perezosas. En España, Félix María de Samaniego (1745-1801), redactó una famosísima fábula en la que se narran las turbulentas relaciones entre nuestro animal y la cigarra. Comienza así: «Cantando la Cigarra / pasó el verano entero, / sin hacer provisiones / allá para el invierno». La fábula continúa relatando las miserias de la pobre cigarra, y cómo pide ayuda a su laboriosa vecina. Ésta le negó cualquier sustento, y le contestó: «¿Yo prestar lo que gano / con un trabajo inmenso? / Dime, pues, holgazana, / ¿qué has hecho en el buen tiempo?». La fábula enseña a ahorrar y a ser previsor; recomienda no malgastar las ganancias ni los esfuerzos en los tiempos de bonanza, para asegurar el bienestar en épocas de penuria. Con este fin se utiliza la semejanza del animal descrito en nuestro acertijo.

525. **Bajo ella,**
los hombres,
ni ricos ni pobres.

526. **Boca pequeña,**
estrecho pie
y ancha barriga:
para beber.

527. **Dos guaridas cálidas,**
con sus escondrijos,
para dos hermanas
y sus quintillizos.

528. **Ella va a muchas fiestas**
de primavera,
por las mujeres jóvenes
que lleva a cuestas.
Él, de mujeres jóvenes
no va a las fiestas,
por primaveras muchas
que a cuestas lleva.

Una sola palabra es la solución de esta adivinanza, con dos significados distintos: uno para el masculino, y otro para el femenino. Para el masculino, esta palabra significa «achacoso», «cascajo», «caduco», «carcamal» o «trasnochado». La palabra, en su acepción femenina, representa un medio de transporte. Una de las más famosas fue construida por un hada madrina, la cual utilizó una calabaza como materia prima. Este suceso pertenece a un famosísimo cuento: *La Cenicienta,* escrito por Charles Perrault (1628-1703).

529. **Llevo a cuestas una casa,**
mirad si esforzado soy,
va conmigo a donde voy,
sácame de ella la brasa,
aunque más asido estoy.

530. **En cables del campo y casa,**
alta o baja,
y en cables del hombre o dama,
baja y alta.

531. **En una isla una fuente**
que mucha agua vierte
y va llena siempre.

532. **Es cuando no es**
y no es cuando es.
¿Qué es?

533. **Girando toda su vida,**
toda su vida girando

y no aprendió a ser más rápido:
da una vuelta y tarda un día,
da otra vuelta y tarda un año.

534. **Incógnito vivo,**
conocido muero.

El refranero popular advierte que «El mejor guardado es el que a nadie se ha contado». También recuerda que, cuando sólo lo saben dos, lo sabe Dios; pero cuando lo saben tres, lo conoce todo el mundo.

535. **Juntos, en ovillo,**
duermen los mellizos;
cuando se separan,
estirados andan.

536. **Yo soy el amo que mando aquí**
tengo una gorra color rubí,
y al nene guapo despierto así:
kikirikí y kikikirikí.

537. **¿Cuál será el animal**
que es doblemente animal?

538. **¿Cuál es el animal**
que siempre llega al final?

539. **Kilómetros mido,**
hectólitros llevo,
kilovatios doy,
hectáreas mantengo.

540. **Me lleváis,**
me traéis,
y si sois nuevos
quizás me mordéis.

541. **Mis caras redondas**
qué estiradas son.
A fuerza de golpes,
así canto yo.

542. **Muchos lo dan,**
casi nadie lo toma;
cuando se necesita
no se recibe,
y si se recibe
casi nunca sirve.

543. **Ni lo puedes ver**
ni vives sin él.

544. **No uno y otro, en singular;**
aunque pudiera, no es lo normal.
Sí unos y otros, así, en plural.
Otros abajo, unos arriba;
a unos llevan otros, a otros unos guían;
unos y otros se moverán
adonde apunten, si no están mal;
otros son torpes cuando nos fallan;
y si unos cierran todos descansan.

545. **Ñaca, ñaca, ñaca,**
los blancos trabajan,
ñaca, ñaca, ñaca,
sin salir de casa.

546. **¿Os lo creeréis si os lo digo**
que ésta es su capital?
Pero no es ésta, os lo digo,
sino ruega y lo sabrás.

Mediante la combinación de ciertas palabras y la ayuda de la geografía, esta adivinanza puede resolverse sin mayores contratiempos.

547. **Pala estrecha y pala ancha**
y casi nunca en la cancha.

548. **Me llaman leo,**
me apellido pardo;
quien no lo adivine
es un poco tardo.

549. **Pequeño y de agudo canto**
mando en el campo.
Pequeño y de aguda voz
manda a veintidós.

Este pequeño objeto regula todas las acciones que se producen en varios deportes. La presente adivinanza se refiere, en este caso, a un juego concreto, originario de Inglaterra, que se disputa entre dos equipos de once jugadores cada uno, cuya finalidad es hacer entrar un balón por una portería, moviéndolo e impulsándolo con los pies y conforme a unas reglas determinadas. El objeto que propone la adivinanza pertenece al juez de la contienda, el cual es acusado, por lo general, de ser absolutamente injusto, y es el objetivo de todas las iras del público.

550. **Por que no se caiga pagan,**
pero, en cayendo,
nadie se agacha
a recogerlo.

551. **Puso la I en la D**
y dio en medio de la O.
No estaba ido, pues dio;
y usted, ¿dio ya con quién es?

552. **Que lo busquen en el mar,**
pues en la tierra
por más que aren, que aren,
que en la tierra no lo encuentran.

553. **Ris, ras, ris, ras,**
adelante y hacia atrás,
mientras tenga qué comer
no dejaré mi vaivén.

554. **Si me mojas y me pegas**
viajará la mensajera.

555. **Somos doce hermanos**
y yo el más chiquito;
cada cuatro años
me crece el rabito.

556. **Sube y sube cuanto puede,**
da una gran voz...
y se muere.

557. **Tiene aire y no es el aire,**
tiene aire y tiene don,
por eso aunque no es el aire
es el aire más señor.

558. **¿Quién es este que se arrima**
trayendo su casa encima?

559. **Un campo muy bien cuadrado,**
con sus casas y sus leyes,
donde pasean los reyes,
las damas y los soldados.

560. **Un pie grave, ardiente y plano**
va dejando el campo llano,
y al paso su calentura
va dejando en la llanura.

561. **Avión minúsculo,**
picando en barrena
sobre nuestro músculo.

562. **Una señorita**
de carnes muy blandas
que sin ser enferma
siempre está en la cama.

563. **Vestido de duelo**
no pierdas tu turno,
chirrido nocturno
salido del suelo.

Es inconfundible el sonido de este insecto durante las horas nocturnas: lo emite el macho. El diccionario de la Real Academia Española señala con mucha precisión que es imprescindible que estos animales «estén tranquilos» para emitir su sonido característico. Cuando se comenta que un lugar parece una olla o una jaula de estos animales, se indica que existe un gran desorden y confusión, y nadie se entiende, precisamente por identificar el bullicio con el sonido que producen las alas de estos insectos al frotarse.

564. **Vivo entre dos muros**
que no pueden verse
y aunque no me doblo
me dobla la gente.

565. **Animal soy, desde luego;**
me llaman el jorobado,
y que tengo cuatro patas
ya se da por descontado.

566. **Cola tiene y no es pescado,**
cuatro patas y no es jaca,
dos cuernos y no es venado
y nos da leche...

567. **Cerca del polo, desnuda,**
sentada sobre una roca,
suave, negra, bigotuda.

568. **Sin ser cojo usa muleta**
y espada larga de acero;
ante el toro no se inquieta.

569. **¡Cómo corre don Fernando**
por lo alto de aquel cerro!,
seguro que va ladrando
y persiguiéndolo un...

570. **Sobre lienzo, o en papel,**
que bien aplica el color
con lápices o pincel.

571. **Es como el dedo pulgar,**
pequeñito,
en un cuento puede estar.

Pruebe el adivinador a añadir a su dedo pulgar todo tipo de diminutivos hasta llegar al título de un cuento escrito por Charles Perrault (1628-1703). Este autor francés participó en las disputas literarias más importantes de su tiempo. Sin embargo, la memoria popular no lo ha identificado con los trabajos eruditos a los que dedicó su vida, sino con los cuentos infantiles. Es famoso por su colección *Cuentos de la Madre Oca* (1697), en los que hace una recopilación de narraciones tradicionales y originales. Además del personaje propuesto por la adivinanza, se debe a la pluma de Perrault el famoso cuento de *La Cenicienta.*

572. **Adivina, adivinanza,**
¿quién puso el huevo
en la paja?

573. **Aunque al fondo esté la playa,**
aunque al final haya un monte,
todos le dicen la raya del...

574. **Me desnudan cuando hace frío**
y me visten en el estío.

575. **Son unas cajas con ruedas**
que van corriendo en vaivén;
viaja en ellas cuando puedas,
es el...

576. **Guarda leche, guarda vino**
o jarabe de grosella;
no es un bote chiquitino,
será, más bien, la...

577. **Eso que alguno te cuenta**
y te encanta en un momento;
puede estar hecho en imprenta.

578. **Adivina, adivinanza,**
¿cuál es el ave
que pica en la granja?

579. **Se pega al fondo del mar**
y se queda allí callado;
con lengua y no sabe hablar.

Esta adivinanza hace referencia a un pez comestible, que vive recostado siempre del mismo lado. También se le denomina «suela». Pertenece a la misma familia que los gallos y los tapaculos. Debe su nombre a la palabra «lengua», por tener una forma parecida.

580. **Destacan en las orejas**
creyéndose independientes,
van casi siempre en parejas.

581. **Pinchan, cortan sin parar**
cuando los tienes despiertos;
luego los debes fregar.

582. **De rama en rama,**
pequeña y pilla,
algo nos trama
la astuta...

583. **Puede ser blanco o marrón,**
y no es ningún disparate
masticarlo con fruición:
delicioso...

Se conoció este delicioso manjar a raíz del descubrimiento de América en 1492. Se trata de una pasta preparada por el molido en caliente del cacao, que se mezcla con azúcar y canela o vainilla. Fue introducido en Europa por los españoles, que aprendieron su preparación en México, donde se elaboraba con cacao, miel y harina de maíz. José de Acosta (1539-1600), en su *Historia natural y moral de las Indias* (1590), definía así este producto: «Un brebaje que hacen, que es una cosa loca lo que en aquella tierra aprecian, y las españolas hechas a la tierra se mueren por el negro...»

584. **Anda, nada, vuela,**
no gasta zapato,
va dejando estela.

585. **En aleros de tejados**
o en árboles escondidos
algunos enamorados
hacen...

586. **Como conoce la clave**
gira por su laberinto
y deja entrar al recinto.

La adivinanza hace referencia a un objeto cotidiano. Existen muchas, innumerables, pero se asegura que todas son distintas. Una de ellas, de origen inglés, es una herramienta mecánica, graduable. Se dice que es «maestra» cuando es capaz de conocer lo que todas las demás juntas. Las que se denominan «de paso», suelen estar en las tuberías y conductos.

587. **Bólidos de chocolate**
con algunos tropezones;
no son ningún disparate.

588. **Monstruo gigante en la feria,**
rueda que invita a la euforia,
espectáculo de histeria.

589. **En él ríes, en él lloras,**
puede que alguno alucine,
allí pasas buenas horas,
estoy hablando del...

590. **En verano barbudo**
y en invierno desnudo.

591. **Redondo en el pie,**
redondo en la bola,
y arriba tiene
pirindín, pirindola.

592. **Señor adivinador,**
¿cuál es la planta
que echa frutos
lejos de la flor?

Una pista para el adivinador: se destaca en esta planta un rubio penacho de hebras finas en la punta. Se adorna también de miles de perlas de oro que resultan deliciosas cuando se cocinan a la brasa. Su nombre lo debe a los primitivos pueblos de la isla de Haití, los cuales llamaban a esta planta con el sonoro nombre de «Zea mais». Es, por tanto, una planta americana, trasladada a Europa a partir del descubrimiento y explotación de las llamadas Indias Occidentales. Los nativos lo utilizaban para hacer pan y pasta alimenticia, como base de su dieta.

593. **Un animalito,**
lico, lico, lico,
que no tiene ni pico.

594. **Cuadrilátero de lana,**
de plumas o de algodón,
en su superficie plana
se duerme.

595. **Redondo,**
sin fondo.

596. **La vieja que no madruga**
para salir de su casa
porque cualquiera la pasa:
triste y lenta, la...

597. **Todo lo lleva delante,**
las lanzas para la lucha
y el largo brazo de ducha.

598. **Un valiente domador**
que tiene la intrepidez
de enseñar a la niñez.

599. **Negro negrete,**
tiene cuatro pies
como un banquete.

600. **Dos patas con un soporte,**
y son a veces a tan fieras
que te pueden dar un corte.

601. **Pisados siempre en el suelo,**
recibiendo malos tratos
y sin señales de duelo.

El objeto que propone esta adivinanza forma parte de la indumentaria cotidiana. El hombre, desde los principios de la civilización, ha usado estos objetos para cubrir o resguardar ciertas partes de su cuerpo. Los antiguos romanos y griegos solían llevar «coturnos»; los persas y los árabes utilizaban las «babuchas», los bárbaros los recubrían con pieles; los indios llamaban a los suyos «mocasines»; los italianos, siempre a la moda, inventaron sus «chinelas», «pantunflas» y «escarpines». Todos tienen formas y funciones distintas: para la lluvia, para el verano, para el frío, para la casa, etc. En España, en las zonas rurales se ha utilizado siempre la «abarca», que en algunos lugares se llama también «albarca» o «alpargata». En Asturias y en León, y en general en zonas montañosas y donde puede haber nieve o barro, se utilizan las «almadreñas», que los asturianos llaman «madreñes» en su lengua, el bable.

602. **En la mejor ocasión**
al lado del mazapán
y a la espera del champán.

603. **Millones de soldaditos**
van unidos a la guerra,
y arrojan lanzas que caen
de punta sobre la tierra.

604. **Es cierto tipo de alfombra**
que siempre marcha contigo,
es por eso buen amigo,
es tu...

605. **Adivina, adivinanza,**
¿cuál es el ave que no tiene panza?

606. **Agua pasa por mi casa,**
cate por mi corazón.
El que no lo adivinare,
será un burro cabezón.

607. **Es un gran señorón,**
tiene verde sombrero
y pantalón marrón.

608. **Si tienes bastante brío**
y además sabes nadar
será coser y cantar
atravesar cualquier...

609. **No es sol reluciente**
ni es sol regalado,
si brilla en la frente
es sol...

610. **Mi padre al cuello la ata**
y poco a poco la aprieta
hasta llegar a su meta.

611. **Libros verdes cuyas hojas**
tienen bastantes arrugas
y bajo el grifo deshojas.

612. **Con su risa mañanera**
toda la playa alborota,
pescadora y marinera.

613. **Soy consultor de las damas**
y por ellas muy querido;
nunca hablo la verdad
ni en mentira me han cogido.

614. **¿Quién será aquel labrador**
que con tierras y agua trata,
semejándose a la plata
cuando pasa su labor?

615. **Con él, qué bien me lo paso,**
con su historia, cómo vibro,
no pienses en un payaso,
sino, más bien, en un...

La sabiduría se ha recogido durante siglos en estos pequeños objetos. Los filósofos, los profetas, los médicos, los historiadores, los poetas, etc., todos han aprendido utilizando el asunto que elogia la presente adivinanza. No todos los hombres los han estimado, ni en todas las épocas han sido apreciados: hubo quien los consideró peligrosos, quien los quemó o quien los mutiló por no ser de su gusto. Su historia comienza en la antigua Mesopotamia, continúa en las riberas del Nilo, donde una delicada planta, llamada papiro, era utilizada para construir el objeto buscado. Los griegos y los latinos utilizaban tablillas de cera o pergaminos de fina piel de cordero. Precisamente, la palabra que propone la adivinanza deriva directamente del latín *liber*, cuyo significado es «corteza segunda e interior de los árboles», porque, en ocasiones, los antiguos usaban esta materia para escribir en ella sus documentos. El álamo, el fresno, el olmo, el plátano y el tejo, fueron los árboles que comúnmente proporcionaban este material. Los griegos lo llamaban *biblos*, de donde nace la recopilación sagrada llamada *Biblia*. En forma de tablas, rollos o cosidos, su función era y es siempre la misma: contener la sabiduría humana y divina.

616. **Una señora**
muy señoreada,
con muchos remiendos
y ninguna puntada.

617. **Da vueltas a sus pedales**
para que no se esté quieta,
en pueblos o capitales,
monta en una...

618. **Bola de plata y cristal**
asentada en su tribuna
celestial,
sola y callada.

619. **Del techo al suelo,**
cortada y fina,
tela con vuelo.

620. **La música del bebé**
no es el trino del jilguero

sino, como sabe usted,
el canto del...

621. **Duerme que duerme la tira,**
duerme mucho de un tirón;
aumentativo de lira...

622. **Es una carta sin sello,**
sin hache, sin i, sin jota;
anda entre ases, caballos,
y reyes, porque es la...

623. **Dice todo lo que sabe,**
él solo o formando coro,
verde, enjaulado, es un ave,
recibe el nombre de...

624. **En todos los partidos,**
de rato en rato,
resuena en los oídos.

625. **Baja la temperatura**
y hasta se congela el trigo;
hay uno que no se apura:
el que se pone su...

626. **En un monte muy espeso**
anda un animal sin hueso.

627. **Ana estaba en una venta,**
era la venta de Ana,
de todo llevaba cuenta
asomada a la...

628. **Va caminando por un caminito,**
no tiene alas y va despacito.

Esta adivinanza es una de las muchas versiones parecidas o similares referidas al mismo asunto. He aquí otra:

628a. **Por un caminito**
va caminando un bicho,
y el nombre del bicho
ya te lo he dicho.

629. **Lo hacen correr sus caballos**
día y noche,
y nunca le salen callos.

630. **La colocas sobre un sello,**
como Sherlock Holmes, y ¡aúpa!,
todo más claro y más bello,
estás usando la...

«¡Elemental, querido Watson!», exclamaba este amable detective, Sherlock Holmes, mientras utilizaba el objeto que propone la adivinanza. Los personajes de Sherlock Holmes y su compañero y amigo, el doctor Watson, fueron creados por el novelista inglés Sir Conan Doyle (1859-1930), uno de los maestros del género denominado policíaco. Sherlock Holmes apareció por primera vez en una novela titulada *Estudio en escarlata,* en 1887. Sus aventuras continuaron con gran aceptación del público lector. Entre ellas destacan las *Memorias de Sherlock Holmes* y *El perro de Baskerville,* publicadas en 1894 y 1902, respectivamente. Holmes es el prototipo del detective inteligente, astuto y sagaz. Aunque era muy aficionado al violín, utilizaba con más frecuencia otro objeto: el símbolo de la investigación y de la minuciosidad, el objeto que propone la adivinanza.

631. **Adivina,**
adivinajera:
no tiene traje
y sí faltriquera.

632. **Con aquel que bien dispara**
haces al principio un trato,
luego te apunta a la cara
y ya tienes tu...

633. **En la ola más dispuesta,**
y en la cabeza del gallo.

634. **Cuatro patas, quieto**
como un gato blanco,
entre seto y seto
del parque.

635. **¿Quién hace en los troncos**
su oscura casita
y allí esconde avara,
cuanto necesita?

636. **Por la cuesta**
vete a mi misa,
lleva puesta
tu...

637. **De cierto animal di el nombre.**
Es quien vigila la casa,
quien avisa si alguien pasa
y es fiel amigo del hombre.

Una frase popular, atribuida a numerosos personajes históricos, decía: «Cuanto más conozco a los hombres, más quiero a mi...» El animal oculto tras los versos de la adivinanza, puede considerarse el símbolo de la fidelidad. Su condición de guardián le valió el mérito de entrar en la mitología griega, con el nombre de Cerbero o Cérbero. Éste era un animal monstruoso, de mordedura venenosa, con tres cabezas y cola de serpiente. Era el guardián del Infierno (Hades, en la mitología), e impedía la salida de los muertos y la entrada de los vivos. (Por esta razón a los porteros del balompié se les llama, en ocasiones, *cancerberos*: porque guardan la portería). En épocas modernas han destacado por su protagonismo en novelas, en películas cinematográficas o en el ámbito científico. Son muy conocidos *Rin-tin-tin*, *Niebla* o *Laika*.

638. **Empieza como el arroz**
que me como yo a diario,
termina como el arroz
porque es el...

639. **La más limpia de mi empresa**
—no se trata de una broma—
me deja sucia la mesa.

640. Por la calle abajo vengo
con mis patitas peladas;
cuando canto seguidillas
todos me dan bofetadas.

641. Por ella paso y la piso
en ella el gato reposa,
hay bastantes en mi piso,
se trata de la...

642. Desciendo de alto linaje,
en tu rostro propio estoy,
el esparto me hace ultraje,
si quieres que más me abaje,
un diminutivo soy.

643. Entra y sale muy deprisa
mientras tu madre la empuja,
y el botón a la camisa
deja pegado la...

644. Ni es amarilla ni roja,
ni tiene una sola franja,
la acompaña alguna hoja
y es redonda la...

645. Para todos es el rey
aunque parezca un farol,
a ninguno dicta ley
porque se trata del...

646. Seas mujer,
seas hombre,
has de tener
algún...

647. Doña Blanca está tendida,
los perros la están velando,
al son de la castañeta
las tripas le van sacando.

648. **Blanca fue mi primera flor,**
verde fue mi nacimiento,
colorada mi niñez
y negro mi acabamiento.

Este fruto (de zarza o de árbol) tiene una extraña propiedad: su jugo tiene una pigmentación muy fuerte, de color violáceo o negro, y tiñen los labios cuando se degustan. El saber popular conoce que es muy difícil eliminar de lienzos y vestidos la mancha que produce este fruto; sin embargo, el refranero asegura que su mancha «con otra verde se quita». Una copla popular decía: «De que tú ya no me quieras, / no me da pena maldita, / que la mancha de la... / con otra verde se quita».

649. **No es bombona ni es bombón,**
ni es una bomba amarilla;
cuando ocurre el apagón
no te sirve la...

650. **Cuando canta tanto espanta**
que poniendo, pone veinte.
Con el pico en la garganta,
y las alas en la frente.

651. **En el campo me crié**
dando voces como loca;
me ataron de pies y manos
para quitarme la ropa.

652. **Mucho frío, dentro;**
mucho calor, fuera;
allí yo no entro
porque es la...

653. **En ella sirven café**
en el bar de cualquier plaza,
o puedes tomar el té,
pues hablamos de la...

654. **Laterales parapetos**
que van siempre por parejas;
les encantan los secretos.

Se llaman «de mercader» cuando queremos expresar que alguien no hace caso a lo que se le dice o se hace el desentendido. «De soplillo», cuando parecen extenderse hacia los lados o hacia delante, como queriéndolo saber todo. La del abad, es un pastel.

655. **Tiene forma de mujer**
y no es jarra,
canta si sabes tañer.

656. **Lleva una estrella en el pecho**
que no resulta ridícula,
siempre defiende el derecho
el ... de la película.

657. **Una cosa masticable**
que dudo que se recicle,
como además es hinchable
ha de tratarse del...

658. **Naricorto orejiluengo,**
pegando saltitos vengo;
huerfanitos dejaré
que en tu plato acabaré.

659. **¿Qué animal de buen olfato,**
cazador dentro de casa,
rincón por rincón repasa
y lame, si pilla, un plato?

660. **Si sales de este lugar,**
si vas buscando otra meta,
no te olvides de llevar
tus cosas en la...

661. **Lo come Pancracio,**
se ve en el champán,
si piensas despacio
sabrás que es el...

662. Dentro de un papel
que se apunta y no se dobla,
ahí está él. ¿Quién es?

663. Hacia arriba y hacia abajo
gente de cualquier edad
caminando a su trabajo
atraviesa la...

664. Soy negro sin ser carbón,
día y noche toco el arpa;
sin ser rey llevo corona
y el río cruzo sin barca.

665. Que era un cochino, decía
la gente puesta de acuerdo,
y la inmensa mayoría
se comía luego el...

666. Si la tienes,
tú la buscas;
si no la tienes,
ni la buscas
ni la quieres.

667. Haga frío o calor,
siempre con un cobertor.

668. Lugar donde se suplica
un remedio a la desgracia:
unos le dicen botica,
otros lo llaman...

669. Si está cerrada no pasas,
pero sí cuando está abierta,
defiende todas las casas.

670. Su padre relincha
con pésima voz;

su madre rebuzna
y suelta una coz.

Se busca a un animal. Biológicamente, es un animal híbrido, es decir, nacido de dos especies semejantes pero distintas. En este caso, puede ser el fruto de un burro y una yegua, o de un caballo y una burra. Tiene fama de ser muy terco y tozudo.

671. **Es la Osa más grande**
del firmamento;
para verla mayor
buscas aumento.

Es esta Osa una constelación del cielo boreal. También se le denomina Carro, especialmente entre los indios. En *La Biblia* recibe este nombre y también entre los griegos. Su aspecto es inconfundible y sirve de orientación para buscar la polar, por la alineación que forman dos de sus estrellas. Los antiguos la denominaban Carro por su forma. El nombre de Osa (la adivinanza propone hallar la parte del nombre que le falta), procede probablemente de ser éste el único animal conocido en la antigüedad como habitante de las regiones árticas. Los latinos llamaron Bueyes a las siete estrellas que forman el Carro, de ahí el nombre de Septentrión, el Norte. Otros nombres son: Jabalí, Hipopótamo, Sepulcro de Lázaro, Nave de San Pedro o Peteón.

672. **Suele tener un contrato**
de por vida;
tras el ratón anda un rato
por comida.

Se propone un animal. Odiado, venerado, adorado o repudiado, este animal ha convivido siempre con el hombre y ha simbolizado la sabiduría, el conocimiento extrasensorial o la maldad satánica. El vulgo de la Edad Media, por ejemplo, lo asociaba con las brujas y los diablos. Todavía hoy, en algunas regiones de Hungría, se cree que los de color negro son brujas transformadas. En Metz, fue costumbre, hasta bien entrado el siglo XVIII, quemar públicamente algunos de estos animales, en autos de fe periódicos, para la extinción de la hechicería. Su importancia en el mundo de los humanos ha dado lugar a cuentos populares y otras obras artísticas donde son ensalzados o denostados. En la literatura española, de la pluma de Félix Lope de Vega (1562-1635), hallamos un poema heroico burlesco, escrito con gran donaire y desenfado, cuyos protagonistas son los animales que describe la adivinanza. En el poema se narran los amores de la hermosa Zapaquilda y el gallardo Marramaquiz. El tercero en discordia, Micifuz, interfiere en el idilio, y requiebra a Zapaquilda, la cual no duda en traicionar a su primer amante entregándose al galán. La historia termina con un duelo, donde los dos rivales luchan, y en el que acaba venciendo Micifuz.

673. **Es un pez bastante plano,**
representa el horizonte,
con ella se pinta un monte
o la letra de la mano.

674. **Está en la navaja**
y está en el cuaderno,
se cae del árbol
antes del invierno.

675. **Diminuto fluorescente**
sobre el pino,
como lámpara luciente
de Aladino.

676. **Era así como el medio,**
pero no me dio
cuando vi al fantasma
que me gritó.

677. **Rompe-sueño impertinente,**
berbiquí,
saluda a toda la gente
con su canto por la i.

678. **Es viajera empedernida**
por barco, en tren o en avión,
muy leída y «escribida»
se cuela por mi buzón.

679. Tiene nombre de ciudad alemana,
huele tan bien que, en verdad,
de ponértela da gana.

680. Para la tela lo pido
y con él todo lo mido.

681. Te llegan muy de mañana
y se van mucho después;
regresan cada semana
y cuatro veces al mes.

682. Es un pájaro elegante
como un destello de luz,
y tiene nombre de cante
andaluz.

683. Tómate lo que tú quieras,
toma té con ensalada.
Si lo sabes, ¿a qué esperas?
¿Por qué no me dices nada?

684. Es un enano
nadie lo chincha,
come en mi mano
y hasta relincha.

685. Nada sobre nada,
nada estrangulada,
y vale una silla doblada.

686. Se pone para dormir
aunque no es un camisón;
puede ser de lana, seda o algodón.

687. Soy tan airada mujer
que me mataré con ciento
y con más, si es menester,
y aunque ayudo a tu sustento,
procura no me temer.

688. **Corre más que un ciclista,**
nunca da marcha atrás;
si lo pierdes de vista,
¡cómo envejecerás!

689. **Era la pata trasera**
de un gordito muy gruñón;
a mí no me da dentera
si lo como con melón.

690. **La respuesta te daré**
casi casi en bandeja:
soy quien produce la miel.
Así pues, yo soy...

691. **No escapará, te lo juro,**
de aquella pequeña tienda,
y pedirá más de un duro
por la prenda.

692. **Canto en la orilla,**
vivo en el agua,
no soy pez,
ni soy cigarra.

693. **En la jirafa descuella,**
bajo la barba del rey,
lo tiene cualquier botella,
la camisa o el jersey.

694. **Mía, mía, mía,**
además, araña;
cuatro patas, rabo,
y nadie te engaña.

Efectivamente, es un animal de cuatro patas siempre. Sin embargo, cuando se habla de sucesos que no están muy claros para una persona, se le dice que no tiene que buscar tres patas a este animal.

695. **Gordo como una pelota,**
mientras tú lo vas hinchando

explota,
y luego sale volando.

696. Tordillo rabón,
patas de azadón,
testa de botón.

697. Está en la rosa
y está en el pez,
con ella el cardo
pincha a su vez.

698. Está en el edificio,
también en la maceta,
la llevas en el pie,
la coges en la huerta.

699. Salí al campo por ver si me divertía
vi una casa muy bien construida,
arriméme a ella a ver quién había,
vi un alcalde muy serio y pausado,
que primero muere que dejar su estado.

700. Suele ostentarlo la bruja,
morado o rojo,
en su nariz prominente
como un gran ojo.

701. ¿Quién será la que pasa
entre mis ojos,
si no soy más que un puente
y no la cojo?

702. Puede hacerse con cuchillo,
con un hacha o con navaja,
le presta su nombre a un río,
y más es corte que raja.

703. Soy nombre a la mujer aplicado
y en el mar y en la playa

con frecuencia me has encontrado
y si al revés quieres leerme
allá en las islas Filipinas
soy reptil familiarizado.

Este reptil es únicamente concido en Filipinas con este nombre. Su aspecto es parecido al de la salamanquesa y se esconde entre las grietas de los muros.

704. **Aunque sea blanco**
lo llaman azul,
y aunque esté muy cerca
lejos lo ves tú.

705. **Para salir a la esquina**
ponte pan en el talón
y camina.

706. **Es que el pobre ve tan poco**
que tampoco mira ya;
topa que topa que topa,
con la topa lo hallarás.

707. **Prima hermana del conejo**
aunque de lomo más alto,
domina bien la carrera y el salto.

708. **Es una enorme naranja**
pero de zumo salado,
los gajos se le suponen
entre un par de meridianos.

709. **No tiene un pelo de tonta,**
su canto produce espanto,
en agua bien se lo monta,
pero en la tierra, no tanto.

710. **Aunque no hable**
lo cuenta todo
por cable.

711. **Tiene famosa memoria,**
fino olfato y dura piel
y las mayores narices
que en el mundo puede haber.

712. **No lo ves, pero no dudas:**
lo tienes cuando estornudas.

713. **Le encanta la carne**
de ciervo y gamuza,
le encanta la niña
de la caperuza.

La «niña de la caperuza» es Caperucita Roja, el personaje central de un cuento de Charles Perrault (1628-1703). Caperucita Roja tiene, en el cuento de Perrault, un desafortunado encuentro con el animal buscado en la adivinanza. Éste participa en numerosos cuentos y fábulas, y siempre simboliza el mal, la astucia o la crueldad. Sin embargo, la antigüedad romana nos ha cedido una hermosa historia que tiene como protagonista a esta alimaña. Las leyendas latinas cuentan que cierto rey, llamado Numitor, tenía una hija, de nombre Silvia. Silvia tuvo dos hijos, fruto de su unión con el dios de la guerra, Marte. Los dos niños fueron arrojados al río Tíber en un canastillo. En una orilla, cierto animal los encontró, los protegió y los amamantó hasta que un pastor los devolvió a la civilización. Los dos niños se llamaban Rómulo y Remo, fundadores de la ciudad de Roma y legendarios padres del Imperio Romano. La civilización latina premió a aquel animal que los salvó, erigiéndole un monumento y otorgándole la fama universal.

714. **No se come ni se bebe,**
pero se puede morder
y chupar continuamente
como lo chupa el bebé.

715. **Con alas, cola,**
ruedas y pico,
no pensarás
que es pajarico.

716. **Aparece por delante,**
por los lados, por la espalda,

te descuidas un instante
y te levanta la falda.

717. **Ani lloró todo el día:**
perdió lo que más quería.

718. **Es la noche más buena**
pese al rocío;
la pequeña azucena
tiembla de frío.

719. **Tiene luna,**
no es planeta;
tiene marco,
y no es puerta.

720. **Un esquí mal colocado**
por él no vas a encontrar;
está muy bien preparado
para la zona polar.

721. **Es animal vertebrado,**
del hombre el mejor amigo,
a veces es cazador
y otras un buen lazarillo.

722. **Arasquín, que vengo de zumba,**
que crío a mis hijos sin pelo ni pluma.
Arasquín, que zumba y aprieta,
que crío a mis hijos sin pluma,
ni pelo, ni teta.

723. **Dicen que quien lo tiene**
es muy gracioso;
se sacude en la mesa
contra lo soso.

Este producto, muy común en nuestros días, fue escaso y caro en la antigüedad. En ocasiones se pagaba con él, y no con monedas. Por esta razón el sueldo o la paga que un obrero recibe por su trabajo se llama «salario». Todas las supersticiones respecto a este producto, tienen su raíz en el extremado valor que poseía para los hombres en aquellas épocas. Cuando se cae o se derrama, los supersticiosos aseguran que todos los males y desgracias caerán sobre la persona responsable de tal catástrofe. También se recomienda, en la mesa, no entregarlo en mano, sino depositarlo cuidadosamente para que otra persona pueda utilizarlo. Todas estas creencias tienen su origen en el elevado coste y en su gran utilidad: era necesario no despilfarrarlo, y tener mucho cuidado y moderación en su uso.

724. **Es tu favorita**
cuando sientes frío;
la encuentras escrita
en el verso mío.

725. **Es un pequeño animal**
como un barco a la deriva;
por el continente austral
aún tiene quien lo reciba.

726. **Consideran las carreras**
como auténticas tragedias,
y, aunque parezcan enteras,
sólo son medias.

727. **Una especie de collar**
para tu linda muñeca,
no lo debes colocar
en tu cabecita hueca.

728. **Ha bogado muchas veces,**
ya lo creo,
entre las togas de jueces,
por un reo.

729. **Puede ser de plástico,**
puede ser de cuero,
ninguno es elástico,
y guarda el dinero.

730. **Lo hace el barco en cada puerto,**
y lo usan, como manos,
tigre, leopardo y león;
porque son primos hermanos.

731. **Lo usa el tendero**
para comer;
lo lleva entero
si sabes ver.

732. **Una especie de corona**
de color
que atrae a los visitantes
a la flor.

Es una parte muy importante en la flor, ya que en su base hay glándulas que segregan sustancias dulces y olorosas como el néctar. Su función es atraer a los insectos y, así, favorecer la polinización, esto es, la reproducción de su especie. La adivinanza llama «visitantes» a los insectos que realizan esta función, llevando el polen de una flor a otra.

733. **Cuando pasa,**
¡cómo pisa!,
deja rasa
la camisa.

734. **La fiesta sin disciplina**
que en un entierro termina:
el de la pobre sardina.

735. **Cuando se encuentra perdido**
no deja de ser ganado,
y el pastor que lo ha entendido
lo ha acertado.

736. **Un metro le da valor**
y lleva un termo en la boca,
si tienes mucho calor
verás que no se equivoca.

737. **Se toca con dos palillos,**
a veces en procesión,

y es instrumento que dicen
de percusión.

738. Lo rascaba llorando
de crin a cola,
y en él se iba trotando
por una loma.

739. Está casi como un palo,
como un trozo de madera,
como la rama de un árbol,
como vara verdadera.

740. Una se llena de vino,
dos se ponen en los pies,
tres lo hace la pelota.
Todas son una. ¿Cuál es?

741. Puede ser de Persia,
puede ser de Ana;
por más que se enrolle,
se ve en la ventana.

742. Aunque sepas esto
mago no serás,
si no sabes donde
lo digerirás.

743. Aunque la quite del agua
sigue en agua.

744. Más grande que un ascensor,
mucho más que las ballenas,
muros todo alrededor,
soldados en sus almenas.

745. Muchas damas en un corral,
todas lloran a la par.

Este famosísimo acertijo hace referencia a la ordenada disposición de ciertos materiales arquitectónicos. Su función es recubrir la techumbre e impedir que la lluvia produzca en los hogares las incómodas goteras. Se dice de ellas que «lloran», porque dejan correr el agua cuando llueve o cuando ha llovido.

746. **Un cuartito lleno de cepas,**
ni están verdes,
ni están secas.

747. **De colores verderones,**
ojos grandes y saltones,
tengo las patas de atrás
muy largas para saltar.

748. **¿Qué cosa es cosa**
que entra en el río y no se moja?

749. **Tan grande como una bellota,**
y toda la casa trota.

750. **Pozo hondo,**
soga larga,
y como no se doble
no alcanza.

751. **Un matrimonio**
muy igualito,
de día están juntos,
de noche repartiditos.

752. **En el cielo soy de agua,**
en la tierra soy de polvo,
en las iglesias de humo,
y una telita en los ojos.

753. **¿Quién allá en lo alto,**
en las ramas mora
y allí esconde avara
todo lo que roba?

754. **Entre dos paredes blancas**
hay una flor amarilla,

**que se puede presentar
al mismo rey de Castilla.**

Cuenta la leyenda que Cristóbal Colón presentó este objeto en 1492, antes de emprender su viaje al Nuevo Mundo, a los Reyes Católicos, concretamente a la reina Isabel de Castilla, ya que fue Castilla quien subvencionó económicamente el viaje. El navegante quería llegar a las Indias utilizando una ruta distinta de la habitual: los navegantes, hasta entonces, debían bordear el continente africano, pasar el peligrosísimo Cabo de Buena Esperanza y alcanzar el Océano Índico, desde donde accedían a Arabia, la India y Oceanía. Colón, sin embargo, creía que era posible alcanzar las costas de la China y la India navegando hacia el oeste. Para demostrar su viabilidad, realizó ante los reyes un experimento muy simple: agitó con fuerza el objeto que se intenta descubrir en este acertijo, y a pesar de su redondez, el objeto se mantuvo quieto y estable. La leyenda popular suele admitir que este juego convenció a la reina Isabel de Castilla de la redondez de la Tierra y de las posibilidades de encontrar las Indias por esta nueva vía. La realidad, sin embargo, fue bastante distinta y Colón tuvo serias dificultades para lograr sus propósitos. Finalmente, se le concedieron tres barcos medianos, cuya tripulación estaba compuesta de proscritos y criminales. Algunos eruditos aseguran que esta hazaña habría sido improbable si Colón no hubiera sabido de antemano, por un navegante portugués, que existía tierra firme en dirección oeste. Con este argumento se pretende comprender el empeño del Almirante en su viaje a través del Atlántico.

755. **Si sumas uno más uno
evidente que da dos,
y si da dos te descubro
dos veces la solución
de este juego de salón.**

Los romanos denominaban a este objeto *ludus tesserae.* Eran apasionados de este juego, a pesar de estar prohibido, excepto durante las *Saturnales* (fiestas en honor de Saturno). Los que se han encontrado en las tumbas del antiguo Egipto, de la Grecia clásica, o del Extremo Oriente, no se diferencian esencialmente de los empleados en la actualidad, como también era igual el sistema de jugarlos: tirándolos en una superficie plana, bien con la mano, o valiéndose de un cubilete. Los emperadores Augusto, Nerón y Claudio, practicaban este juego;

el mismo Claudio escribió un tratado acerca de las normas y propiedades de esta actividad lúdica. Las estrictas leyes romanas negaban toda acción legal al que tuviese el juego en su casa, aunque fuera víctima de las malas artes o de las violencias de los jugadores. Entre éstos, había profesionales, no faltando los *fulleros* o tramposos, como demuestran los hallazgos arqueológicos: se han encontrado estos objetos rellenos de plomo hacia uno de los lados, es decir, trucados. No fueron en España menos severas las leyes para prohibir o, por lo menos, reglamentar este juego. Si bien en los viejos romances y en la obra histórica y legislativa de Alfonso X el Sabio (1221-1284) se afirma que era juego de villanos, gustaban de tal divertimento también los hidalgos, los ricos hombres, los caballeros y los infantes.

756. **Campo blanco,
semilla negra,
dos que la ven,
uno que la siembra.**

757. **Un quintín,
dos quintales,
un garavín,
y dos garavales.**

758. **En un huerto no muy llano
hay dos cristalinas fuentes;
no está a gusto el hortelano
cuando crecen las corrientes.**

759. **¿Quién está a mayor altura
y lugar más elevado
que un rey,
aunque esté adornado?**

760. **Hay en la plaza nueva
un monte, y en él dos cuevas;
más abajo un hondo pozo,
que tiene su brocal rojo;
altas ventanas iguales;
en ellas dos niñas cucas,**

que por entre sus cristales
todo lo ven y todo lo cucan.

761. Zumba que te zumbarás,
van y vienen sin descanso,
de flor en flor trajinando
y nuestra vida endulzando.

762. Dígame ¿quién es el que hace
—ya le pregunten o no—,
con la cabeza que sí
y con la cola que no?

763. Soy de piel o paño gordo
y me adhiero a nuestros cuerpos
para que no paséis frío
apenas llega el invierno.

764. Nazco y muero sin cesar,
sigo, no obstante, existiendo,
y sin salir de mi lecho,
me encuentro siempre corriendo.

765. Carita sonrosada
de terciopelo,
carne dorada y dulce,
dentro ¡un hueso!

766. Son nuestras blancas flores
a veces tan tempranas,
que la nieve, envidiosa,
viene a ver si nos gana.

Florece este árbol con los primeros calores de la primavera, antes de que broten las hojas jóvenes. Aunque al principio las flores son de color rosa, mudan el color en un blanco inmaculado. Debido a lo precipitado de su floración, este árbol se compara con aquellas personas que se adelantan en sus actos de manera inconveniente o molesta.

767. Unas manchas encarnadas
entre los trigales;

son notas coloradas
que alegran a los zagales.

768. **Tiene yemas y no es huevo;**
tiene copa, no sombrero;
tiene hojas y no es libro.
¿Qué es, pues, lo que os digo?

769. **Es tan grande mi fortuna**
que estreno todos los años
un vestido sin costura,
de colores salpicado.

770. **Soy águila sin ser ave,**
sin ser rey tengo corona,
y capa sin ser persona.
Me cuidan, porque no acabe,
mi vida es frágil y poca;
por donde quiera que voy,
diciendo a voces quién soy
sin decirlo por la boca.

771. **Lleva años en el mar**
y aún no sabe nadar.

772. **Hilillos como cabellos**
finitos y rojos son,
se echan en la paella
y le dan muy buen color.

La adivinanza propone la búsqueda de una planta. El estigma de esta planta sirve para condimentar manjares y para teñir de amarillo. Se cree que es originaria de Oriente y Grecia, y ya mucho antes de Jesucristo, se cultivaba en Asia y Europa. Según las investigaciones de los egiptólogos, esta planta se utilizó mucho en el antiguo país del Nilo. En los *Cantos de Salomón* se menciona con el nombre de *karkom,* y como uno de los productos más alabados del reino vegetal. Los idiomas modernos toman su nombre del árabe, en el cual *asfar,* femenino *safra,* significa amarillo. En la literatura griega y romana se cita con frecuencia y se habla de la importancia que su color y su olor tuvieron en la vida refinada de la antigüedad clásica. Se teñían con esta planta los vestidos de fiesta, y se esparcía por el suelo de las salas en las que se celebraban festines, se rellenaban los cojines, y se rociaban los teatros con su agua. Tuvo extraodinaria importancia en el campo comercial. En España se cultiva actualmente en Ciudad Real, Albacete, Toledo, Cuenca, Guadalajara, Valencia, Murcia y puntos de Cataluña, Aragón y Andalucía. Sigue siendo un artículo comercial, del cual España produce y exporta en gran cantidad. En la literatura, es famosa esta planta por aparecer en el título de una zarzuela, en 1930; el libreto fue escrito por Guillermo Fernández-Shaw (1893-1965) y la música es del maestro Guerrero.

773. **Es una pera colgada**
que toda la casa alumbra
sin tener humo ni llama.

774. **Desde hace miles de años**
hemos transportado al hombre;
ahora nos lleva escondidos
en el motor de su coche.

775. **Donde nadie sube, trepo;**
lo que nadie come, trisco;
muy poco estoy en el valle,
pues lo mío son los riscos.

776. **Después de haberme molido**
agua hirviendo echan en mí.
La gente me bebe mucho
cuando no quiere dormir.

777. **Si digo que tengo tinta,**
pero que no es de escribir,
y que tengo muchas patas,
¿quién piensas que soy yo, di?

778. **Soy amiga de la luna,**
soy enemiga del sol;
si viene la luz del día,
alzo mi luz y me voy.

779. **Jamás de su casa sale**
y corre el monte y el valle.

780. **De nada me sirven**
estas cuatro patas,
que quieta estoy siempre,
sobre mí, el durmiente.

781. **¡Escapa, escapa!**
Que esto que te digo,
aunque no te obligo,
te abriga y te tapa.

Uno de los signos distintivos del vestuario clásico español es el objeto de esta adivinanza. Los labradores y los campesinos la utilizaban como medio para protegerse de las inclemencias del tiempo. En las ciudades, por el contrario, era un signo de distinción. Las modas provocaron en su forma diversas variaciones: algunos de sus nombres más conocidos son «española» o «pañosa», muy elegante y con bandas aterciopeladas; el «ferreruelo» es corto y sin esclavina, utilizado antaño por los criados; o la «dragona», originaria de México. Tradicionalmente, se supone que este objeto fue el detonante de una revuelta popular en 1776, llamada el *Motín de Esquilache.* Este motín se produjo, según la creencia popular, como respuesta a una orden ministerial que prohibía el uso del objeto descrito en la adivinanza. Sin embargo, las razones verdaderas eran de índole política y económica.

782. **Cruza los ríos,**
también los mares,
vuela sin alas
a todas partes.

783. **Con caras muy blancas,**
llenas de lunares,
a unos damos suerte,
y a otro, pesares.

784. **Con su caballo y con su escudero,**
sale por La Mancha este caballero.
Quiere justicia, busca aventuras
y encuentra palos y desventuras.

En esta adivinanza se esconde el personaje más importante de la literatura española. Su creador, Miguel de Cervantes Saavedra (1547-1616), lo describe del siguiente modo: «En un lugar de La Mancha, de cuyo nombre no quiero acordarme, no ha mucho tiempo que vivía un hidalgo de los de lanza en astillero, adarga antigua, rocín flaco y galgo corredor. [...] Frisaba la edad de nuestro hidalgo con los cincuenta años. Era de complexión recia, seco de carnes, enjuto de rostro, gran madrugador y amigo de la caza. Quieren decir que tenía el sobrenombre de Quijada, o Quesada.» Las aventuras de este caballero se publicaron en 1605, y la segunda parte en 1615.

785. **Cuatro patas tiene**
y no puede andar;
también cabecera,
sin saber hablar.

786. **En un cuarto me arrinconan**
sin acordarse de mí;
pero van pronto a buscarme
cuando tienen que subir.

787. **Soldaditos de uniforme**
siempre blancos todos son;
sus cabezas, no obstante,
casi siempre rojas son.

788. **Ojitos verdes,**
grandes bigotes,
zarpas veloces.

789. **Una de nosotras no hace verano,**
pero todas juntas el campo alegramos,
y también los pueblos, y, en ellos, las casas,
porque en sus aleros los nidos colgamos.

790. **El cielo de invierno,**
la piel de ratón,
la barba canosa,
¿de qué color soy?

791. **Unos somos verdes,
otros somos negros,
pero de dulzura
todos vamos llenos.**

La adivinanza hace referencia a unos frutos muy dulces. Son muy populares preparados de dos maneras. La primera, se elabora secando los frutos, para lo cual deben ser escogidos entre las variedades de mayor volumen y más azucarados, que maduran en agosto o en la primera quincena de septiembre, antes de que se presenten las primeras lluvias de otoño. Se manipulan de este modo en Mallorca, Aragón y Valencia. La segunda modalidad es la fabricación en forma de pan, que se hace con el fruto seco. Son muy apreciados los de la ciudad de Cuevas, en la provincia de Almería.

792. **¿Cuál es aquel animal
que con un pie anda mal?**

793. **Antes éramos lozanas,
en el estío, verdillas,
ahora el viento se nos lleva
de un lado a otro, amarillas.**

794. **San Molondrón tiene cien hijos,
todos visten de un color
menos San Molondrón.**

No se tiene constancia de que existiera un santo llamado san Molondrón. Pero sí se sabe que un «molondrón» es un hombre poltrón, perezoso y falto de enseñanza. En Álava se utiliza esta palabra para designar un cabezazo, un golpe dado en la cabeza o recibido en ella.

795. **Lo quieras o no lo quieras,
detrás de ti siempre iremos,
y cuando el camino vuelvas,
esperándote estaremos.**

796. **Siempre como de contado,
con mi boca, que es oscura,
de hambriento soy infamado,**

vivo nunca entré en poblado
y muerto, soy vestidura.

797. **Soy un palito**
muy derechito,
y en la cabeza
tengo un mosquito.

798. **Soy la flor del indeciso**
y del adivinador;
todos me arrancan los pétalos:
sí, no; sí, no; sí, no.

Esta flor es símbolo de la pureza y de la inocencia. Es una acción tradicional «deshojarla», arrancando las flores (hojas, en lenguaje vulgar) de su corona, mientras se va asignando a cada pétalo, una respuesta: sí o no. Se toma como respuesta definitiva la correspondiente a la última hoja que se arranca. Esta flor presta su nombre a algunas damas. En la literatura, una mujer con este nombre, es uno de los personajes de *Fausto* (1808, primera parte; 1832, segunda parte), obra escrita por Johann Wolfang von Goethe (1749-1832). Es esta dama una joven de pueblo, virtuosa, de alma sencilla, que ignora los peligros de la vida. Fausto la seduce abandonándola después. Es la causa inconsciente de la muerte de su madre, envenenada con un narcótico preparado por Mefistóteles; y de su hermano Valentín, a quien Fausto ha matado en duelo. La dama es madre y, avergonzada, mata a su hijo. Es condenada a muerte, pero el poeta nos hace presentir que su inocencia moral le ha valido el perdón de Dios. Goethe ha revestido la figura de esta dama con un incomparable carácter lírico y patético. Asimismo, utilizó el nombre de la flor para simbolizar la pureza y la ingenuidad.

799. **Soy roja como un rubí**
y llevo pintitas negras:
me encuentro en el jardín,
en las plantas o en la hierba.

800. **Mido telas y estaturas,**
pero, a veces, en ciudades,
sin humos y sin candelas
llevo gente en cantidades.

801. **Adivina, adivinanza:**
¿qué tiene el rey en la panza,
igual que cualquier mendigo?
¡Lo sabes! Es el...

802. **Tiene dos piernas**
y no camina.
Sin ser tú cojo
lo usas encima.

803. **De dientes toda una fila**
que a los rebeldes obliga.

804. **Nací de plata y redonda;**
después rubia me volví;
ahora me hacen de aluminio
y no dan nada por mí.

805. **Tengo agujas y no sé coser,**
tengo números y no sé leer.

Esta adivinanza propone un objeto cotidiano, muy útil y necesario. Los hombres lo han fabricado de muy diversas maneras. Los hay de arena, de sol, de agua (clepsidra), de pulsera, de pared, de bolsillo, de faltriquera, de pesas, de repetición o de sobremesa. Los poetas han dedicado también sus esfuerzos literarios a cantar las bondades e inconvenientes de este objeto. Un escritor barroco, llamado Enrique Vaca de Alfaro, decía de este objeto: «... que mides sin cesar la vida / por momentos, por términos e instantes, / y si el tiempo deshace aún los diamantes / corres veloz y corres sin medida». El conejo que aparece en *Alicia en el País de las Maravillas* (1865) y el Capitán Garfio en el País de Nunca Jamás, también estaban obsesionados por el objeto que se esconde en la adivinanza.

806. **¿Qué cosa, qué cosa es,**
que casi ya te lo he dicho,
aunque haya sido al revés?

807. **Con patas y espalda,**
no se mueve ni anda.

808. **Retumban los tambores**
con ecos tremendos
y chispas fugaces,
cae agua a raudales.

809. **De claro como el agua**
al rojo oscuro,
salud y alegres fiestas
os procuro.

810. **En primavera deleito,**
en verano te refresco,
en otoño te alimento
y en invierno te caliento.

811. **Una capilla llena de gente**
y un capellán en medio
que predica siempre.

812. **Ponla sobre la mesa,**
la partes y la repartes,
pero que nadie la coma.

La española consta de cuarenta y ocho cartas, y se divide en cuatro palos: oros, copas, espadas y bastos. Están numeradas desde el as, el uno, hasta el nueve, junto con tres figuras: la sota, el caballo y el rey. En la mayoría de juegos se suprimen los ochos y los nueves. La francesa tiene cincuenta y dos cartas. Se dividen en cuatro palos: picas, corazones, tréboles, diamantes. Se pueden utilizar para jugar, por ejemplo, al julepe, al tute, a la brisca, a la escoba, al póquer, al *bridge,* a las siete y media, al cinquillo, y otros.

813. **Larga o corta,**
mucha o poca,
ponte las gafas
que a nadie le importa.

814. **Por más que me cubren**
al final me descubren.

Mientras que para algunos pueblos salvajes y bárbaros este asunto constituye algo odioso digno de castigo de las divinidades y del desprecio de los hombres, para otros significa un medio lícito para obtener mejores ganancias en los contratos, y se confunde con palabras pronunciadas en sentido de chanza para alegrar una conversación, o distraer a amigos. Es digno de tenerse en cuenta que, en la antigüedad, la sanción moral que se aplicaba a esta acción era distinta si la persona engañada pertenecía a una tribu, o era extranjera. Incluso se llegaba a pensar que era loable si, como consecuencia de dicha acción, se obtenían beneficios para la comunidad política o familiar. En el mundo cristiano se representa esta acción como una deidad infernal, con hermosa apariencia y rostro afable y engañoso. Se suele identificar con el dios Mercurio, y en este caso se le atribuye la conducción de las almas al Tártaro, el infierno. Se personifica en una mujer bellísima, de amable expresión, que seduce con su presencia, en tanto que presenta las manos armadas de garras agudas y se hace acompañar de un tigre. También se representa como un mancebo con máscara o antifaz en una mano, y hollando con sus pies el espejo de la Verdad. Una pierna de palo indica que es cojo y se le agrega un haz de paja encendida, significando con ello lo efímero de sus designios e invenciones.

815. **Tengo la cabeza muy grande,**
el cuello más bien estrecho
y no me aguanto derecho.

816. **Una señorita muy delgadita**
que muy pálida está,
y que ha de resignarse
porque la van a quemar.

817. **Un barbecho bien labrado**
ni entra mula,
ni entra arado.

818. **Buenas y sonoras cuerdas tengo;**
cuando me rascan
a la gente entretengo.

819. **Blanca soy**
y, como dice mi vecina,
útil siempre en la cocina.

820. Acompaña a los que van a lejano lugar
obligándoles la mano a cerrar.

821. Giro mi cuerpo ante el sol,
por ser mi dueño y señor.

822. Golpe tras golpe,
clavo tras clavo;
eso es lo que yo hago.

823. Una señora muy aseñorada
que lo escucha todo
y no entiende nada.

824. Se crían en el río
o entre cantos,
y todos tienen
los culos blancos.

825. ¿Qué planta será
la que en el hombre está?

826. Me llegan las cartas
y no sé leer,
y aunque me las trago,
no mancho el papel.

827. Madre me labró una casa,
sin puertas y sin ventanas,
y cuando quiero salir
rompo antes las murallas.

828. Redondo, redondo,
como un pandero,
y nadie se puede
sentar en ello.

829. Cabecita fría,
la noche haces día
cuando te restriego,
cabeza de fuego.

830. **Ciudadano muy mirado,**
moderno camaleón,
subido en tu árbol
cambias de color.

831. **Soy roca la más constante,**
de todo mal, medicina,
no hay trabajo que me espante,
ni dureza que quebrante
mi firmeza diamantina.

Hay un personaje que representa esta virtud en su grado sumo, el Santo Job. En torno a este personaje se cosntruye el libro sagrado de Job, en el que se narra el esplendor y la posterior miseria de este hombre. Era Job un ciudadano honrado, rico, afortunado, piadoso y bueno, lo cual irritaba en extremo a Satán. El diablo sugirió a Dios que la bondad de Job se debía a su prosperidad, y que era necesario probar su piedad en una situación desgraciada. Dios aceptó el reto, y Satanás le envió todas los males: lo arruinó, destruyó su familia, lo cubrió de apestosas llagas y lo abandonó a la soledad. La fe de Jobob no decreció, y confió en el Señor. Finalmente, Dios devuelve a Job todos los bienes y demuestra a Lucifer que su protegido es el hombre más fiel sobre la faz de la Tierra. Job se constituye en el símbolo de la paciencia, la confianza en Dios y la resignación.

832. **Con lo grande que era,**
con lo grande que es,
y hasta el decimoquinto
¡no se la ve!

La gloria del descubrimiento de este asunto pertenece a Cristóbal Colón. Con los recursos que le prestó Castilla, se hizo a la mar, en Palos de la Frontera, el 3 de agosto de 1492, y fondeó el 12 de octubre en una isla de las Bahamas, el 28 de octubre en Cuba, y el 6 de diciembre en Santo Domingo. En su segundo viaje (1493-1496), descubrió Puerto Rico y Jamaica. En el tercero (1498-1500), llegó hasta Trinidad y tocó el continente sudamericano, en Venezuela y el delta del Orinoco. Finalmente, en su cuarta salida (1502-1504), alcanzó la costa del istmo de Panamá. El asunto al que hace referencia esta adivinanza aparece nombrado por primera vez en 1507, en el mapa de un cosmógrafo alemán llamado Hylacomylus. El nombre actual se debe al marino y cosmógrafo italiano Américo Vespucio (1451 ó 1454-1512). En España se llamó a este asunto con el nombre genérico de Indias, debido a los cálculos erróneos de los primeros descubridores, los cuales creían haber llegado a tierras asiáticas. Más tarde se denominaron Indias Occidentales. Fray Bartolomé de las Casas propuso el nombre de *Columba*, pero su idea no prosperó.

833. **Con mi cara tan cuadrada,**
lisa o con dibujitos,
resignada y por los suelos,
me repito, me repito...

834. **Con unos zapatos grandes**
y la cara muy pintada,
soy el que hace reír
a toda la chiquillada.

835. **Desde que no ando**
ando yo gustando
y cuanto más cure
cierto que más guste.

836. **Devora sin boca**
todo lo que toca.

837. **Doce caballeros**
nacidos del sol,
todos mueren antes
de los treinta y dos.

838. **Del trabajo soy amiga**
y por él adquirí fama;
mi nombre, sin que lo diga,
es la palabra que falta
en *La cigarra* y...

839. **No mantengo al cuerpo humano,**
ni tengo sabor ni olor,
y en tiempo que hace calor

si me arriman bien la mano
soy agradable licor.

840. **Soy pescado, y casi ciega,**
y de animales soy parte,
y a pilotos y su arte,
útil para el que navega
y así mi nombre se parte.

841. **¿Quién es un viejo ligero,**
que es de cuatro movimientos
puestos en doce cimientos,
que a cualquier pasajero
da más penas que contentos?

842. **Yo he visto un cuerpo sin alma**
dando voces a un clamor,
como el dátil en la palma,
con letras alrededor.

843. **Soy hierba floja, y mudable,**
provechosa y conveniente,
pues desde Oriente a Poniente,
soy ocasión que se hable,
y se trate mucha gente.

Los antiguos egipcios y fenicios desconocían este producto, pero en la India se cultivó ya 800 ó 900 años antes de Cristo. Según el historiador griego Heródoto (484-425 a. C.), los escitas lo cultivaban en las costas del mar Caspio y del lago Aral, por el valor de sus semillas y para la obtención de un narcótico; mientras que los tracios y los antiguos griegos lo cultivaban por sus fibras, las cuales se utilizaban para la fabricación de cuerdas y de tejidos. En tiempo de los romanos se extendió su cultivo por toda Italia, Francia, y el norte y este de Europa. Su cultivo, sin embargo, se limita a zonas de terrenos ricos en humus y húmedos, y de clima no muy duro. Su nombre científico es *cannabis sativa.*

844. **Un juego de caballeros**
doy con mi nombre a entender,
que muestran valor y aceros,

de metales es mi ser,
de honra y valgo dineros.

La adivinanza hace referencia a un objeto, generalmente fabricado con metales nobles y que, en algunos casos, simboliza unión, dignidad, honor o poder. La adivinanza señala que también se corresponde con un juego. Este divertimento cortesano, ya olvidado, consistía en conocer quién tiene en su mano el objeto. La dificultad reside en el hecho de que el poseedor hace gestos y ademanes, de tal modo que parece entregárselo a otro, y éste, a su vez, figura dejárselo a otro jugador.

845. **He bebido agua**
que ni del cielo llovida
ni de la tierra nacida.

846. **Suelo tener sed, y el cielo**
me deja tan bien mojado
que del agua que me ha dado
y el polvo que tengo, suelo
dejarle muy bien manchado.

847. **Conservo muchos gusanos,**
y crío a mis hijas moras,
no enemigas de cristianos,
que ultrajadas con las manos
asean por muchas horas.

848. **Estudiante que estudiaste**
en libros de Salamanca,
¿cuál es la cosa cocida
que para comer se asa?

El adivinancero supone que los estudios en Salamanca serán suficientes para conocer el objeto que se propone. En realidad, este acertijo se burla de los estudiantes que aprenden muchos conceptos eruditos y no conocen lo cotidiano y lo necesario. La Universidad de Salamanca fue fundada en 1218, y ha mantenido, desde entonces, su prestigio como cuna del saber. El refranero, sugiere, sin embargo, que sólo la capacidad personal y el esfuerzo individual son útiles en el aprendizaje. Por ello se dice: «Lo que la naturaleza no da, Salamanca no lo presta» (*Quod natura non dat, Salmantica non praestat*). En cualquier caso, es difícil imaginar a Elio Antonio de Nebrija (1444-1522) o a fray Luis de León (1527-1591), profesores en Salamanca, dictando lecciones a propósito del tema que nuestra adivinanza propone.

849. **En horca para mí fuerte**
nazco debajo del suelo;
mi fábrica imita al cielo,
lágrimas causo al más fuerte,
no teniendo desconsuelo.

850. **¿Quién es aquel caballero**
que me causa maravilla,
que mientras alzan la hostia
está sentado en su silla?

851. **De forma rectangular**
de color amarillento,
y tengo como las casas
pisos, y también cimientos.

852. **Cien damas**
en un corral
y todas tienen
su ventana
para mirar.

853. **No me basta ser templado**
para que no enferme más,
y cuando mucho he enfermado,
que nace mi mal verás
por haberme deshojado.

854. **En alto estoy,**
y no predicando;
la gente me pide
y yo le voy dando.

855. **Corre que te corre**
y nunca traspone.

856. **Aunque no tengo enemigos,**
ando de continuo armado
para defender amigos:
conmigo hay gusto y cuidado,
por mí premios y castigos.

El escritor Francisco de Quevedo y Villegas (1580-1645), autor de obras como *El Buscón* (1626) o *Los sueños* (1627), dedica uno de sus poemas al asunto escondido en la adivinanza. Es una letrilla satírica, cuyo comienzo es así: «Madre, yo al oro me humillo; / él es mi amante y mi amado, / pues, de puro enamorado, / de contino anda amarillo; / que pues, doblón o sencillo, / hace todo cuanto quiero, / *poderoso caballero / es don...* ». El origen de esta palabra es el vocablo latino *denarius*, con el que se denominaba una moneda de plata o de oro, equivalente a otras diez.

857. **Dos objetos de metal**
ambos cual hembras nombrados,
con guardias y amaridados
hacen un servicio igual,
cuál de guardia o de soldado.

858. **Donde estoy el mundo es poco,**
ocupo espacio pequeño,
y aunque tierra y mar apoco,
me trocará, si no es loco,
por cualquier lugar mi dueño.

859. **Entre tabla y tabla**
hay un hombre que no habla.

860. **Pila sobre pila,**
sobre pila, oliva,
sobre oliva, trapo;
aciértame, guapo.

861. **Soy honesta y recatada,**
y dicen que tengo celo
de la doncella, o casada,
a éstas con cien ojos velo;
de mí no se me da nada.

862. Dos fuentes muy cristalinas,
están en medio de un llano,
y cuando las fuentes manan
no está muy contento el amo.

863. Alta soy, señora,
más que otra ninguna;
cien castillos tengo
y puerta ninguna.

864. Pongo la lengua en aprietos:
verde mi vestido fue,
en rojo y blanco torné;
dícenme que los secretos
descubro, y jamás hablé.

865. A ver si lo averiguas,
a ver si se te escapa,
¿quién no sale de noche,
aunque tenga muchas capas?

Adivinanzas cultas

El adivinancero culto es, en el fondo, un compendio literario, ya que se recogen en él los acertijos que los poetas conocidos y anónimos han creado. Existen diferencias fundamentales entre una adivinanza culta y otra popular, aunque, en muchas ocasiones, la popular se ha derivado de la culta, y viceversa, en cuyo caso se denomina glosa. El acertijo culto tiene autor y su extensión suele ser mayor. Surge de la alegoría y la metáfora, su versificación es más cuidada y su lenguaje es más adornado. El medio de difusión es el libro, de tal modo que su ámbito de recepción es más limitado que el de un adivinancero popular.

El *Libro de Apolonio* (1240) nos ofrece los primeros indicios del adivinancero culto, sin embargo, es a finales de la Edad Media donde comienza verdaderamente a fraguarse este tipo de adivinanza, a través de los cancioneros y de la lírica galaico-portuguesa, por ejemplo en el *Cancionero de Baena* (1445-1454), o en el *Cancionero* de Sebastián de Horozco (1510-1578).

Es en el siglo XVI cuando la adivinanza tiene su época dorada. Miguel de Cervantes en su novela pastoril *La Galatea*, publicada en Alcalá de Henares en 1585, pone en boca de sus pastores maravillosas adivinanzas, mientras éstos pasan sus momentos de ocio resolviéndolas. Es precisamente en esta obra donde Cervantes, a través del pastor Elicio, define la adivinanza («Es muy escura y es clara, / tiene mil contrariedades, / encúbrenos las verdades, / y al cabo nos las declara; etc.» Aparece completa en este libro con el número 887). Numerosos autores de esta misma época practican el arte de la adivinanza, pero, sin duda, los más renombrados son Cristóbal Pérez de Herrera (1556-1620), célebre médico y poeta ocasional, que reunió algunas enseñanzas y una original colección de enigmas en verso en *Proverbios morales y consejos christianos, muy provechosos para concierto y espejo de vida, adornados de lugares y textos de las divinas y humanas letras. Y enigmas filosóficas, naturales y morales, con sus comentos*, en 1618. Junto a Pérez de Herrera destaca Alonso de Ledesma (¿1562?-1633), poeta famosísimo en su tiempo por su extremado conceptismo, con su obra *Juegos de Noche Buena moralizadores a la vida de Christo, martirio de Santos, y reformación de costumbres. Con unas enigmas hechas para honesta recreación*, de un marcado carácter lúdico-ingenioso, conceptista y sacro, y con versos de tradición octosilábica. No podemos olvidar, aunque con menor producción de adivinanzas, a otros poetas tales como Juan de Salinas (1562-1643), Lope de Vega (1562-1635), o los ingeniosos juegos de palabras de Quevedo (1580-1645).

El siglo XVII se presenta pobre en este tema, con una excepción, la obra anónima de 1611, *Quarenta enigmas españolas dirigidas al Illustríssimo y Excelentíssimo Señor el Duque de Nevers, Governador y Capitán General de la provincia de Champaña, y Colonel de la Cavallería ligera de Francia*, que es una magnífica recopilación de adivinanzas cultas.

Francisco Acuña de Figueroa (1791-1862), escritor uruguayo a caballo entre los siglos XVIII y XIX, escribió multitud de adivinanzas y charadas, en lo que se denomina la vertiente festiva de su vasta producción literaria. De esta misma época datan las obras anónimas recopilatorias *Nueva Colección de Emblemas, enigmas, charadas y epigramas escritas en varias clases de verso para el uso de los aficionados*, impresa en Cádiz en 1835, y *La onza de oro, Colección de trescientos veinte enigmas*, en Valladolid en 1848.

La adivinanza cayó en desuso paulatinamente entre los escritores, y en el siglo XX tan sólo se puede reseñar que fueron Federico García Lorca (1898-1936), con alguna adivinanza dispersa en su obra, y Miguel Hernández (1910-1942) en su primer libro *Perito en lunas* (1933), una colección de cuarenta y dos octavas reales, plenas de maestría retórica y de opacidad conceptual, quienes practicaron el juego de la adivinanza.

Escasos en producción adivinancística, los siglos XIX y XX son, sin embargo, prolíficos en cuanto a recopilatorios de acertijos cultos, aunque no siempre indicando quiénes fueron los autores que compusieron la adivinanza. Son célebres los de Antonio Machado y Álvarez, *Demófilo*, padre de los poetas Antonio y Manuel, *Colección de enigmas y adivinanzas en forma de diccionario*, impreso en Sevilla en 1880; o *Acertijos, enigmas, adivinanzas y adivinanzas infantiles*, de Enrique Sánchez Rueda, publicado en Madrid en 1922.

Concluye este adivinancero culto con aquellos acertijos que son anónimos y de los que sólo se conoce su localización geográfica, y con adivinanzas recogidas en una rareza titulada *Aquí se contienen treynta y seys preguntas o enigmas, con sus declaraciones muy sentidas y graciosas*, anónimo y sin datar.

En este adivinancero culto se ha establecido un orden cronológico. Como no es este el lugar para elaborar un comentario estrictamente literario, que, por otra parte, es el que se podría establecer en lo referente a estas adivinanzas literarias, se ha optado por ofrecer al lector estos maravillosos e ingeniosos acertijos lisa y llanamente, sin acompañarlos de comentarios sobre su métrica o sus figuras estilísticas, para no abrumar al lector con datos eruditos. Baste decir que la mayoría son juegos alegóricos y metafóricos, y que se anima al adivinador a intentar averiguar la solución por sus propios medios, sin hacer trampas y sin recurrir al índice de respuestas.

Siglo XV

866. **Mostradme cuál es aquel animal**
que luego se mueve en los cuatro pies,
después se sostiene en solos los tres,
después en los dos va muy más igual.
Sin ser de la especie cuadrupedal,
el curso que hizo después reitera;
así que en los cuatro de aquella manera
fenece el que nace de su natural.

Juan de Mena (1411-1456), Preguntas de Juan de Mena al Marqués de Santillana.

867. **¿Qué es el cuerpo sin sentido,**
que concierta nuestras vidas
sin vivir?
Muévese sin ser movido,

hace cosas muy sentidas
sin sentir.
Éste nunca está dormido,
mas siempre mide medidas
sin medir.
Tiene el seso tan perdido
que él mismo se da heridas
sin herir.

Juan de Mena (1411-1456), Poesías.

Esta adivinanza es prácticamente igual en el *Cancionero de Sebastián de Horozco* (1510-1578): «¿Qué es la cosa sin sentido / que concierta nuestras vidas / sin vivir? / Muévese sin ser movida / y hace cosas muy sentidas / sin sentir. / Éste nunca está dormido / midiendo siempre medidas / sin medir. / Tiene el seso tan perdido / que él mismo se da heridas / sin herir». Y también en el anónimo *Aquí se contienen treynta y seys preguntas o enigmas, con sus declaraciones muy sentidas y graciosas* (s. d.): «Cuál es el cuerpo sin sentido / que convierte nuestras vidas / sin vivir. / Mueve sin ser movido / y hace cosas muy sentidas / sin sentir. / Y éste nunca está dormido / mas siempre mide medidas / sin medir. / Tiene el seso tan perdido / que él mesmo le da heridas / sin herir».

868. **En el monte fui criada**
e nascida ciertamente;
quien me tiene en su posada
fazer mal non me consiente;
sole siempre bien mandada,
de mí fía toda gente;
es más poridat fallada
en mí quen algún pariente.

Juan Alfonso de Baena (XIV-XV), Cancionero de Baena *(1445-1454)*

869. **Hermanas somos llamadas**
y en uno nos juntamos,
y más de cien jornadas
unas de otras estamos;
las gentes son despegadas
donde mucho porfiamos;

otro tiempo son cuitadas
porque no las visitamos.

Juan Alfonso de Baena (XIV-XV), Cancionero de Baena *(1445-1454)*

Siglo XVI

870. **Dentro en mi alma fue de mí engendrado**
un dulce amor, y de mi sentimiento
tan aprobado fue su nacimiento,
como de un solo hijo deseado;
mas luego dél nació quien ha estragado
del todo el amoroso pensamiento
en áspero rigor, y en gran tormento,
los primeros deleites ha tornado.
¡Oh crudo nieto, que das vida al padre,
y matas al abuelo! ¿Por qué creces
tan desconforme a aquel de que has nacido?
¡Oh rabioso temor!, ¿a quien pareces?
¡Que aun la envidia, tu propia y fiera madre,
se espanta en ver el monstruo que ha nacido!

Garcilaso de la Vega (1501-1536), Sonetos.

871. **Dezidme ¿cuál es la cosa**
milagrosa
que de bocas tres alcanza
y es en sí tan tenebrosa
y espantosa
que por todas fuego lanza?
Una boca de esta alhaja
come paja,
nunca bebe con ninguna.
Otra tiene tal ventaja
aunque trabaja

que con pan se desayuna.
Sebastián de Horozco (1510-1578), Cancionero.

872. **¿Qué cosa es aquélla o cuál**
que por su mal
le nace lo que no tiene
y con esto es hecho igual
al animal
que en los aires se mantiene?
Vive de ajeno sudor
y sin temor
hurta lo que bien le plaze
y naide, que es lo mejor,
ha dolor
del gusto que ésta le hace.
Sebastián de Horozco (1510-1578), Cancionero.

873. **¿Quién es aquel sin el cual**
ninguno vive contento
este hecho terrenal
para el linaje humanal
dirige su nacimiento;
mas después es despojado
de todas sus vestiduras
arrastrado y maltratado
hasta morir sepultado
por bien de las criaturas?
Y aqueste, muerto quedando
los hijos que de él suceden
se van sin padre criando
creciendo y multiplicando
hasta que ya más no pueden,
pero siendo ya crecidos,
en presencia de sus madres
son a cuchillos metidos
y a muchos de ellos traídos
a lo mismo que su padre.
Y otros muchos dellos son

por fuerza despedazados
sin ninguna compasión
do sin mucha dilación
quedan en polvo tornados.
Con el humilde elemento
juntando aquestos tales
después con fuego y tormento
son hechos mantenimientos
de infinitos animales.

Sebastián de Horozco (1510-1578), Cancionero.

874. **¿Cuál es la cosa más cierta,**
que no tiene punto cierto?
¿Cuál es la cosa más muerta,
que no tiene nada muerto?

Cancionero General de Hernando del Castillo *(1511).*

875. **Infame peste, estrago de la vida,**
torpe peso de honrados pensamientos,
pecho de pedernales avarientos,
boca de bestia fiera mal herida;
fueros y leyes quiebras fementida,
montañas rompes, piélagos y vientos,
ni embotas tus hidrópicos alientos
con tanta sangre humana mal vertida.
Tú armaste contra el padre más piadoso
del hijo vil, tal vez, la mano aleve,
y tal del impío padre la fiereza.
Tú poblaste de sangre el golfo undoso,
tú de asombro y dolor el golfo leve,
de miedo el sol, y el cielo de tristeza.

Cancionero General de Hernando del Castillo *(1511).*

876. **Hembra soy flaca y doliente;**
bajo a las veces del cielo
y al que me resisto suelo
dar la muerte fácilmente.
Y si la doy al valiente

con quien combatiendo estoy,
de la suerte que la doy,
así me mata y destruye
quien de cobarde me huye:
bien claro he dicho quién soy.

Baltasar del Alcázar (1530-1606), Poesías varias.

877. **¿Qué es lo que a veces gustamos**
de terrible sinsabor,
y cuanto lo da mayor,
mayor contento mostramos?
La causa dello ignoramos,
y el efeto es necesario
casi en todos, de ordinario,
y así, venimos a ver
en un supuesto el placer
con el pesar, su contrario.

Baltasar del Alcázar (1530-1606), Poesías varias.

878. **¿Quién es quien fraile se llama,**
y sabe Dios si lo es,
con trenzado como dama,
del colodrillo a los pies?
Verdecillo y descortés
salió de su nacimiento;
pero, por vuestro contento,
tirad del trenzado al aire
y caeros ha en donaire
su nuevo comedimiento.

Baltasar del Alcázar (1530-1606), Poesías varias.

879. **Yo traigo en mi compañía,**
no sé por qué, una doncella,
como se cuenta de aquella
que a su Narciso seguía.
Asáltala cada día
mil veces un su enemigo,
yo soy ocular testigo

porque me hallo al debate
y ella, porque no la mato,
suele ampararse conmigo.
En esto la pobre dama
se ejercita y entretiene,
hasta que la noche viene
que se me acuesta en la cama
hasta que el día nos llama
que vuelto al oficio viejo
suelo pedille consejo
y ella me lo suele dar;
y así me vengo a mirar
en ella, como en espejo.

Baltasar del Alcázar (1530-1606), Poesías varias.

880. **¿Cuál es el ave ligera**
que está siempre en un lugar,
y anda siempre caminando,
penetra y entra doquiera,
de un vuelo pasar la mar,
las naves sobrepujando?
Ansí della no podemos,
y quien la está descubriendo,
sabio queda en sola una hora;
mas tal vez la conocemos,
las paredes solas viendo
de la casa donde mora.

Gaspar Gil Polo (¿1540?-1584-85), Diana enamorada.

881. **Decid, ¿cuál es el maestro**
que su dueño le es criado,
está como loco atado,
sin habilidades diestro
y sin doctrina letrado?
Cuando cerca lo tenía,
sin oírlo lo entendía,
y tan sabio se mostraba,

que palabras no me hablaba
y mil cosas me decía.

Gaspar Gil Polo (¿1540?-1584-85), Diana enamorada.

882. **Decidme, señores, ¿cuál ave volando**
tres codos en alto jamás se levanta,
con pies más de treinta subiendo y bajando,
con alas sin plumas el aire azotando,
ni come, ni bebe, ni grita, ni canta?
Del áspera muerte vecina allegada,
con piedras que arroja, nos hiere y maltrata,
amiga es de gente cautiva y malvada,
y a muertes y a robos contino vezada,
esconde en las aguas la gente que mata.

Gaspar Gil Polo (¿1540?-1584-85), Diana enamorada.

883. **Junto a un pastor estaba una doncella,**
tan flaca como un palo al sol secado,
su cuerpo de ojos muchos rodeado,
con lengua que jamás pudo movella.
A lo alto y bajo el viento vi traella,
mas de una parte nunca se ha mudado,
vino a besarle el triste enamorado
y ella movió tristísima querella.
Cuanto más le atrapó el pastor la boca,
más voces da porque la gente acuda,
y abriendo está sus ojos y cerrando.
Ved qué costó forzar zagala muda,
que al punto que el pastor la besa o toca,
él queda enmudecido y ella hablando.

Gaspar Gil Polo (¿1540?-1584-85), Diana enamorada.

884. **Vide un soto levantado**
sobre los aires un día,
el cual, con sangre regado,
con gran ansia cultivado
muchas yerbas producía.
De allí un manojo arrancando

y sólo con él tocando
una sabia y cuerda gente,
la dejé cabe una puente
con dolores lamentando.

Gaspar Gil Polo (¿1540?-1584-85), Diana enamorada.

885. **¿Cuál es aquel poderoso**
que desde oriente a occidente
es conocido y famoso?
A veces fuerte y valiente,
otras flaco y temeroso:
quita y pone la salud,
muestra y cubre la virtud
en muchos más de una vez,
es más fuerte en la vejez
que en la alegre juventud?
Múdase en quien no se muda
por extraña preeminencia:
hace temblar al que suda,
y a la más rara elocuencia
suele tornar torpe y muda:
con diferentes medidas,
anchas, cortas y extendidas,
mide su ser y su nombre,
y suele tomar renombre
de mil tierras conocidas.
Sin armas vence al armado,
y es forzoso que le venza,
y aquel que más ha tratado
mostrando tener vergüenza,
es el más desvergonzado.
Y es cosa de maravilla
que en el campo y en la villa,
a capitán de tal prueba
cualquier hombre se le atreva,
aunque pierda en la rencilla.

Miguel de Cervantes y Saavedra (1547-1616), La Galatea.

886. **¿Cuál es la dama polida,**
aseada y bien compuesta,
temerosa y atrevida,
vergonzosa y deshonesta,
y gustosa y desabrida?
Si son muchas, porque asombre,
mudan de mujer el nombre
en varón, y es cierta ley,
que va con ellas el rey,
y las lleva cualquier hombre.

Miguel de Cervantes y Saavedra (1547-1616), La Galatea.

887. **Es muy escura y es clara,**
tiene mil contrariedades,
encúbrenos las verdades,
y al cabo nos las declara:
nace a veces de donaire,
otras de altas fantasías,
y suele engendrar porfías,
aunque trate cosas de aire.
Sabe su nombre cualquiera,
hasta los niños pequeños;
son muchas y tienen dueños
de diferente manera:
no hay vieja que no se abrace
con una destas señoras:
son de gusto algunas horas,
cuál cansa, cuál satisface.
Sabios hay que se desvelan
por sacarles los sentidos,
y algunos quedan corridos,
cuanto más sobre ello velan:
cuál es necia, cuál curiosa,
cuál fácil, cuál intrincada,
pero sea o no sea nada,
decidme qué es cosa y cosa.

Miguel de Cervantes y Saavedra (1547-1616), La Galatea.

888. **¿Quién es el que a su pesar**
mete sus pies por los ojos,
y sin causarles enojos
les hace luego cantar?
El sacarlos es de gusto,
aunque a veces quien los saca
no sólo su mal no aplaca,
mas cobra mayor disgusto?

Miguel de Cervantes y Saavedra (1547-1616), La Galatea.

889. **¿Quién es la que es toda ojos**
de la cabeza a los pies,
y a veces sin su interés
causa amorosos enojos?
También suele aplacar riñas,
y no le va ni le viene;
y aunque tantos ojos tiene
se descubren pocas niñas:
tiene nombre de un dolor
que se tiene por mortal,
hace bien y hace mal,
enciende y templa el amor.

Miguel de Cervantes y Saavedra (1547-1616), La Galatea.

890. **¿Quién es quien pierde el color**
donde se suele avivar,
y luego torna a cobrar
otro más vivo y mejor?
Es pardo en su nacimiento,
y después negro atezado,
y al cabo tan colorado
que su vista da contento.
No guarda fueros ni leyes,
tiene amistad con las llamas,
visita a tiempo las camas
de señores y de reyes:
muerto se llama varón,
y vivo hembra se nombra,

tiene el aspecto de sombra,
de fuego la condición.

Miguel de Cervantes y Saavedra (1547-1616), La Galatea.

891. **Yace aquí el hidalgo fuerte**
que a tanto extremo llegó
de valiente, que se advierte
que la muerte no triunfó
de su vida con su muerte.
Tuvo a todo el mundo en poco;
fue el espantajo y el coco
del mundo, en tal coyuntura,
que acreditó su ventura
morir cuerdo y vivir loco.

Miguel de Cervantes y Saavedra (1547-1616), El Quijote.

892. **A cierto animal sustento**
y encima de otro soy puesta,
bien hecha estoy y compuesta,
y si alguna vez me asiento,
(como suelo), soy molesta.

Cristóbal Pérez de Herrera (1556-1620), Proverbios morales y consejos christianos, muy provechosos para concierto y espejo de vida, adornados de lugares y textos de las divinas y humanas letras. Y enigmas filosóficas, naturales y morales, con sus comentos.

893. **Al nacer picada he sido,**
jamás entera me vi,
trabajos he padecido,
hállanse pocos sin mí,
échanme presto en olvido.

Cristóbal Pérez de Herrera (1556-1620), Proverbios morales y consejos christianos, muy provechosos para concierto y espejo de vida, adornados de lugares y textos de las divinas y humanas letras. Y enigmas filosóficas, naturales y morales, con sus comentos.

894. **Aunque parezco mulato**
mucho privo con mujeres
porque tengo garabato;
cuando vivo doy haberes
y cuando caigo me mato.

Cristóbal Pérez de Herrera (1556-1620), Proverbios morales y consejos christianos, muy provechosos para concierto y espejo de vida, adornados de lugares y textos de las divinas y humanas letras. Y enigmas filosóficas, naturales y morales, con sus comentos.

895. **Con dos letras añadidas**
de un gran delito es mi nombre,
y no desayuno al hombre,
conservando sus comidas,
aunque le doy mal renombre.

Cristóbal Pérez de Herrera (1556-1620), Proverbios morales y consejos christianos, muy provechosos para concierto y espejo de vida, adornados de lugares y textos de las divinas y humanas letras. Y enigmas filosóficas, naturales y morales, con sus comentos.

896. **Corona está en mi cabeza,**
calzo espuela pavonada,
tengo barba colorada,
mi sueño muy presto empieza
y madrugo a la alborada.

Cristóbal Pérez de Herrera (1556-1620), Proverbios morales y consejos christianos, muy provechosos para concierto y espejo de vida, adornados de lugares y textos de las divinas y humanas letras. Y enigmas filosóficas, naturales y morales, con sus comentos.

897. **¿Cuál es aquel animal**
de condición tan notable,
que es feroz, fuerte, agradable,
inclinado a no hacer mal
al humilde y miserable?

Cristóbal Pérez de Herrera (1556-1620), Proverbios morales y consejos christianos, muy provechosos para concierto y espejo de vida, adornados de lugares y textos de las divinas y humanas letras. Y enigmas filosóficas, naturales y morales, con sus comentos.

898. **¿Cuál es el bruto lozano,**
de corta y flaca memoria,
nombrado en divina historia,
cantor arrogante y vano,
con que gana la victoria?

Cristóbal Pérez de Herrera (1556-1620), Proverbios morales y consejos christianos, muy provechosos para concierto y espejo de vida, adornados de lugares y textos de las divinas y humanas letras. Y enigmas filosóficas, naturales y morales, con sus comentos.

899. **De bueno el nombre mantengo,**
aunque de malo los hechos;
de hombres celosos me vengo,
en la iglesia a parar vengo,
y suelo estudiar derechos.

Cristóbal Pérez de Herrera (1556-1620), Proverbios morales y consejos christianos, muy provechosos para concierto y espejo de vida, adornados de lugares y textos de las divinas y humanas letras. Y enigmas filosóficas, naturales y morales, con sus comentos.

900. **De fuego, de plata, de oro,**
de cristal, de vidrio soy;
si de hilo y seda, me voy
deshaciendo sin decoro
de mirar a donde estoy.

Cristóbal Pérez de Herrera (1556-1620), Proverbios morales y consejos christianos, muy provechosos para concierto y espejo de vida, adornados de lugares y textos de las divinas y humanas letras. Y enigmas filosóficas, naturales y morales, con sus comentos.

901. **De prudentes y de acero**
me componen por tu gusto;
llámante por mí certero,
es mi golpe fuerte y fiero
si tu sabor es robusto.

Cristóbal Pérez de Herrera (1556-1620), Proverbios morales y consejos christianos, muy provechosos para concierto y espejo de vida, adornados de lugares y textos de las divinas y humanas letras. Y enigmas filosóficas, naturales y morales, con sus comentos.

902. **Di: ¿quién son los diez hermanos**
que no tienen igualdad?
Danles sustento las manos;
largos, liberalidad
denotan; cortos, villanos.

Cristóbal Pérez de Herrera (1556-1620), Proverbios morales y consejos christianos, muy provechosos para concierto y espejo de vida, adornados de lugares y textos de las divinas y humanas letras. Y enigmas filosóficas, naturales y morales, con sus comentos.

903. **El necio de mí se aleja**
y el sabio que yo mantengo
con colores me festeja,
¿pero qué mucho si tengo
más de moza que de vieja?

Cristóbal Pérez de Herrera (1556-1620), Proverbios morales y consejos christianos, muy provechosos para concierto y espejo de vida, adornados de lugares y textos de las divinas y humanas letras. Y enigmas filosóficas, naturales y morales, con sus comentos.

904. **El primer nombre de damas**
es del mío postrer parte,
del otro quiero avisarte,
que aunque formado entre llamas,
te sirvo de sustentarte.

Cristóbal Pérez de Herrera (1556-1620), Proverbios morales y consejos christianos, muy provechosos para concierto y espejo de vida, adornados de lugares y textos de las divinas y humanas letras. Y enigmas filosóficas, naturales y morales, con sus comentos.

905. **Entre reyes y señores**
ocupo lugar honrado,
y aun Dios me tiene a su lado,
y con tan grandes favores,
cabo de muchas he dado.

Cristóbal Pérez de Herrera (1556-1620), Proverbios morales y consejos christianos, muy provechosos para concierto y espejo de vida, adornados de lugares y textos de las divinas y humanas letras. Y enigmas filosóficas, naturales y morales, con sus comentos.

906. **Entre yerbas fui criada,**
y soy de luz tan amiga
que en ella muero cuitada;
no será lerdo el que diga
quién soy y cómo llamada.

Cristóbal Pérez de Herrera (1556-1620), Proverbios morales y consejos christianos, muy provechosos para concierto y espejo de vida, adornados de lugares y textos de las divinas y humanas letras. Y enigmas filosóficas, naturales y morales, con sus comentos.

907. **Gallarda soy, y lozana**
me llaman, y de buen rejo,
sana como una manzana;
mas tan presto como el viejo,
me marchitaré mañana.

Cristóbal Pérez de Herrera (1556-1620), Proverbios morales y consejos christianos, muy provechosos para concierto y espejo de vida, adornados de lugares y textos de las divinas y humanas letras. Y enigmas filosóficas, naturales y morales, con sus comentos.

908. **Jamás aprendí a escribir,
y soy muy gran escribana,
y con invención galana,
te suelo siempre servir
sin cansar tarde y mañana.**

Cristóbal Pérez de Herrera (1556-1620), Proverbios morales y consejos christianos, muy provechosos para concierto y espejo de vida, adornados de lugares y textos de las divinas y humanas letras. Y enigmas filosóficas, naturales y morales, con sus comentos.

909. **Lo mismo que un galgo valgo,
su retrato soy y amigo,
y si por el campo salgo,
las liebres mato y persigo,
y es cierto que no soy galgo.**

Cristóbal Pérez de Herrera (1556-1620), Proverbios morales y consejos christianos, muy provechosos para concierto y espejo de vida, adornados de lugares y textos de las divinas y humanas letras. Y enigmas filosóficas, naturales y morales, con sus comentos.

910. **Llevo a cuestas una casa,
mirad si esforzado soy,
va conmigo a donde voy,
sácame della la brasa
aunque más asido estoy.**

Cristóbal Pérez de Herrera (1556-1620), Proverbios morales y consejos christianos, muy provechosos para concierto y espejo de vida, adornados de lugares y textos de las divinas y humanas letras. Y enigmas filosóficas, naturales y morales, con sus comentos.

911. **Mi oficio es de labrador,
aunque con cuerpo pequeño,
mi contrario es el beleño;
doy gusto y también dolor
y todo a un tiempo a mi dueño.**

Cristóbal Pérez de Herrera (1556-1620), Proverbios morales y consejos christianos, muy provechosos para concierto y espejo de vida, adornados de lugares y textos de las divinas y humanas letras. Y enigmas filosóficas, naturales y morales, con sus comentos.

912. **Mío soy, mas mi señor**
dice que me trae de Zape,
doy a ratos gran dolor,
maravilla es que se escape
alguno de mi furor.

Cristóbal Pérez de Herrera (1556-1620), Proverbios morales y consejos christianos, muy provechosos para concierto y espejo de vida, adornados de lugares y textos de las divinas y humanas letras. Y enigmas filosóficas, naturales y morales, con sus comentos.

913. **No hago pasos de garganta,**
que ni tengo voz ni canto;
con los míos subo tanto,
que a veces quien me levanta
la cabeza me quebranta.

Cristóbal Pérez de Herrera (1556-1620), Proverbios morales y consejos christianos, muy provechosos para concierto y espejo de vida, adornados de lugares y textos de las divinas y humanas letras. Y enigmas filosóficas, naturales y morales, con sus comentos.

914. **No soy hembra que a uno quiere**
y mañana está olvidada;
mas soy siempre tan honrada,
que si mi marido muere
jamás me verás casada.

Cristóbal Pérez de Herrera (1556-1620), Proverbios morales y consejos christianos, muy provechosos para concierto y espejo de vida, adornados de lugares y textos de las divinas y humanas letras. Y enigmas filosóficas, naturales y morales, con sus comentos.

915. **¿Qué animal hay en la tierra
que en algo al hombre parece,
que el que a imitalle se ofrece
la virtud de sí destierra
e infame nombre merece?**

Cristóbal Pérez de Herrera (1556-1620), Proverbios morales y consejos christianos, muy provechosos para concierto y espejo de vida, adornados de lugares y textos de las divinas y humanas letras. Y enigmas filosóficas, naturales y morales, con sus comentos.

916. **Que topo me dicen todos,
mas por cualquier parte paso,
soy en ver y andar escaso,
manténgome en tales modos
que es con materia de vaso.**

Cristóbal Pérez de Herrera (1556-1620), Proverbios morales y consejos christianos, muy provechosos para concierto y espejo de vida, adornados de lugares y textos de las divinas y humanas letras. Y enigmas filosóficas, naturales y morales, con sus comentos.

917. **¿Quién es una degollada
que fue ronca y tuvo luto?
Siendo viva, nos dio fruto,
y muerta más nos agrada,
dándonos mayor tributo.**

Cristóbal Pérez de Herrera (1556-1620), Proverbios morales y consejos christianos, muy provechosos para concierto y espejo de vida, adornados de lugares y textos de las divinas y humanas letras. Y enigmas filosóficas, naturales y morales, con sus comentos.

918. **¿Quién es un negro tiznado,
antes blanco en el color,
que hace oficio de tejado,
que el que ha destos más quitado
queda más rico de honor?**

Cristóbal Pérez de Herrera (1556-1620), Proverbios morales y consejos christianos, muy provechosos para concierto y espejo de vida, adornados de lugares y textos de las divinas y humanas letras. Y enigmas filosóficas, naturales y morales, con sus comentos.

919. **Recién muerta sé de un hombre**
mi persona defender;
a dos doy a entender,
de tímida tengo nombre
y apocan todos mi ser.

Cristóbal Pérez de Herrera (1556-1620), Proverbios morales y consejos christianos, muy provechosos para concierto y espejo de vida, adornados de lugares y textos de las divinas y humanas letras. Y enigmas filosóficas, naturales y morales, con sus comentos.

920. **Si el puerto fuera casado**
yo había de ser su mujer;
con ser fácil de mover,
no me gana un desdichado,
con que viene a perecer.

Cristóbal Pérez de Herrera (1556-1620), Proverbios morales y consejos christianos, muy provechosos para concierto y espejo de vida, adornados de lugares y textos de las divinas y humanas letras. Y enigmas filosóficas, naturales y morales, con sus comentos.

921. **Siempre como de contado,**
con mi boca que es oscura,
de hambriento soy infamado,
vivo nunca entré en poblado
y muerto soy vestidura.

Cristóbal Pérez de Herrera (1556-1620), Proverbios morales y consejos christianos, muy provechosos para concierto y espejo de vida, adornados de lugares y textos de las divinas y humanas letras. Y enigmas filosóficas, naturales y morales, con sus comentos.

922. **Sin padre y madre nací**
dentro de mi sepultura,
a donde el fruto que di,
siendo a los otros ventura,
fue la muerte para mí.

Cristóbal Pérez de Herrera (1556-1620), Proverbios morales y consejos christianos, muy provechosos para concierto y espejo de vida, adornados de lugares y textos de las divinas y humanas letras. Y enigmas filosóficas, naturales y morales, con sus comentos.

923. **Soy animal espacioso**
y una virtud grande tengo:
que a los enfermos convengo
y al callado religioso
por carne a tiempos mantengo.

Cristóbal Pérez de Herrera (1556-1620), Proverbios morales y consejos christianos, muy provechosos para concierto y espejo de vida, adornados de lugares y textos de las divinas y humanas letras. Y enigmas filosóficas, naturales y morales, con sus comentos.

924. **Soy de plata, de ventana,**
de imagen, y soy pagado
del que comete un pecado;
y con ser cosa profana,
también santo soy llamado.

Cristóbal Pérez de Herrera (1556-1620), Proverbios morales y consejos christianos, muy provechosos para concierto y espejo de vida, adornados de lugares y textos de las divinas y humanas letras. Y enigmas filosóficas, naturales y morales, con sus comentos.

925. **Soy un turco, pues sustento**
las mujeres que me dan,
con quien hago de galán,
repártoles el sustento,
de celos padezco afán.

Cristóbal Pérez de Herrera (1556-1620), Proverbios morales y consejos christianos, muy provechosos para concierto y espejo de vida, adornados de lugares y textos de las divinas y humanas letras. Y enigmas filosóficas, naturales y morales, con sus comentos.

926. **Soy veloz de tal manera,**
que mis fuerzas van creciendo
al paso que yo corriendo,
y con ocasión ligera
por muchas partes me extiendo.

Cristóbal Pérez de Herrera (1556-1620), Proverbios morales y consejos christianos, muy provechosos para concierto y espejo de vida, adornados de lugares y textos de las divinas y humanas letras. Y enigmas filosóficas, naturales y morales, con sus comentos.

927. **Tengo oficio de albergar,**
y en mi centro dar morada
a gente que vive armada,
y les sirve el pelear
de perder la vida amada.

Cristóbal Pérez de Herrera (1556-1620), Proverbios morales y consejos christianos, muy provechosos para concierto y espejo de vida, adornados de lugares y textos de las divinas y humanas letras. Y enigmas filosóficas, naturales y morales, con sus comentos.

928. **Una letra de mí aparta**
y seré un ave ligera,
que de otra simple y sincera,
y su sangre no se harta,
si bien soy hierro o madera.

Cristóbal Pérez de Herrera (1556-1620), Proverbios morales y consejos christianos, muy provechosos para concierto y espejo de vida, adornados de lugares y textos de las divinas y humanas letras. Y enigmas filosóficas, naturales y morales, con sus comentos.

929. **Vi en una plaza espaciosa,**
que estaba de gente llena,
una horrible y feroz cosa,
que cuanto es más perniciosa
tanto la tienen por buena.

Cristóbal Pérez de Herrera (1556-1620), Proverbios morales y consejos christianos, muy provechosos para concierto y espejo de vida, adornados de lugares y textos de las divinas y humanas letras. Y enigmas filosóficas, naturales y morales, con sus comentos.

930. **Ciego, que apuntas y atinas,**
caduco Dios y rapaz
vendado que me has vendido,
y niño mayor de edad,
por el alma de tu madre
—que murió siendo inmortal,
de invidia de mi señora—
que no me persigas más.

Luis de Góngora y Argote (1561-1627), Romances.

931. **A esta señora tapada,**
tan airada como bella,
no lleguéis a descubrilla,
que temo que habrá pendencia.
Caballeros y oficiales,
a donde quieren la llevan,
que como es dama de corte,
ningún cómodo deshecha.
Mas si no es con gente honrada,
no sale de noche fuera,
porque la han hecho mil tiros,
y aun hacerla más esperan.
Préciase de vestir justo,
y raras veces de seda,
mas jamás sacó vestido,
que su guarnición no tenga.
Debe ser cazadora,

según las insignias muestra,
pues lleva dos gavilanes,
a donde quiera que sea.
Una hermana tiene enana,
y aunque es dama tan pequeña,
más de un grande destos reinos,
ha andado picado della.
Es gente muy belicosa,
y supuesto que son hembras,
al varón más esforzado,
hacen temblar la contera.
Y aunque dije que era fácil,
la mayor hermana adviertan,
que es mujer de mucha ley,
y en ocasiones lo muestra.
Que como el oro descubre
sus quilates en la piedra,
ella es crisol de templanza,
y estoque de fortaleza.

Alonso de Ledesma (¿1562?-1633), Juegos de Noche Buena moralizadores a la vida de Christo, martirio de Santos, y reformación de costumbres. Con unas enigmas hechas para honesta recreación.

932. **Aunque soy un sapo hinchado,**
en la cara, y en el talle,
no hay persona, moza o vieja,
que su vida no me llame.
Doy favores y desdenes,
porque a ley de falso amante,
aquí abraso, y allí yelo,
que me precio de mudable.
Tal vez ando desabrido,
y podrá ser que os enfade,
mas moriréis vos por mí
en sabiendo mis donaires.
Soy maestro de capilla
de todos los tonos graves,
que se cantan por natura,

y se componen por arte.
Muestro a bramar a las fieras,
hago parlar a las aves,
soy lengua de las naciones,
y pies de los navegantes.
Parézcome mucho a Dios,
en estar en todas partes,
ocupando mi presencia,
anchas tierras, hondos mares.
También parezco al Bautista
en ser una voz clamante,
aunque puesto con los dos,
yo confieso que soy aire.

Alonso de Ledesma (¿1562?-1633), Juegos de Noche Buena moralizadores a la vida de Christo, martirio de Santos, y reformación de costumbres. Con unas enigmas hechas para honesta recreación.

933. **Con razón pueden decir**
que soy una moza honrada,
pues con andar arrastrada,
me deshago por servir.
Para mí no hay amos buenos,
ni los toparé jamás,
pues donde sirvo más
es donde medro menos.
Y puesto que servir suelo,
a gente muy principal,
aunque esté en la Casa Real,
me traen los pies por el suelo.
La mujer más vil y baja
a quien sirva por desastre,
no hay día que no me arrastre,
por quítame allá esa paja.
Y con todo nunca fui
para mudar de posada,
porque soy la más atada,
que en toda mi vida vi.

Antes, si dándome están,
no siento ninguna pena,
porque sé que soy más buena
mientras más palos me dan.

Alonso de Ledesma (¿1562?-1633), Juegos de Noche Buena moralizadores a la vida de Christo, martirio de Santos, y reformación de costumbres. Con unas enigmas hechas para honesta recreación.

934. **Dos bellísimos retratos,**
hizo un famoso pintor,
de dos hermanas mellizas,
que en vida y muerte lo son.
De mirar, y ser miradas,
tuvieron inclinación,
y aun a veces de parlar,
naciendo mudas las dos.
La condición de mujeres,
en estas niñas se vio,
pues suelen ser de cien años,
y juran que niñas son.
El Rey tiene sus retratos
en tanta veneración,
que los cierra cuando hay polvo,
y los guarda cuando hay sol.
Es pintura delicada,
y por aquesta ocasión,
la traen entre dos veriles,
para que luzcan mejor.
Si reparáis en sus visos,
están con tal proporción,
que si vos, y yo las vemos,
parecen a mí, y a vos.
Son las más hermosas niñas,
que formó en la tierra Dios,
y no las dejéis de ver,
porque muy para ver son.

Alonso de Ledesma (¿1562?-1633), Juegos de Noche Buena moralizadores a la vida de Christo, martirio de Santos, y reformación de costumbres. Con unas enigmas hechas para honesta recreación.

935. **En la cabeza del mundo,**
do las cosas de alma y cuerpo
se remiran con más ojos,
y se rigen con más seso,
hay dos cuevas naturales,
que resuenan en sus ecos,
silbos, bramidos y voces,
y todo es aire en efecto.
En la cueva do se dan,
eternamente se oyeron,
y en ésta donde se oyen,
jamás por jamás se dieron.
Tiene esta cueva dos puertas,
y aunque yo no he entrado dentro,
en sus retorcidas sendas,
dos laberintos contemplo.
Parecen dos caracoles,
en cuyos cóncavos senos,
forma el aire varias voces,
como hiere en tantos huecos.
Aquí susurran abejas,
y aunque es aire según veo,
da sospechar que las hay,
el topar cera a sus tiempos.
Y más, que lo que han hallado
los antiguos y modernos,
en esta cueva es oído,
mirad qué grande portento.

Alonso de Ledesma (¿1562?-1633), Juegos de Noche Buena moralizadores a la vida de Christo, martirio de Santos, y reformación de costumbres. Con unas enigmas hechas para honesta recreación.

936. **En una cueva famosa,**
que labró naturaleza,
de do salió el primer eco,
y donde mejor resuena.
Un escuadrón de soldados

repartido en dos hileras,
hacen guarda a una mujer,
que está por su pico presa.
En forma de medias lunas
estos soldados la cercan,
y no todos son varones,
que los más fuertes son hembras.
Cada cual guarda su puesto:
y si alguno se menea,
le tienen por mal soldado,
y por inútil le dejan.
Pero con gran sentimiento
le despiden, o se ausenta,
y aun es menester maromas,
para echarle de la guerra.
Al principio los bisoños
ocupan las plazas muertas,
pero ya si alguno falta,
la plaza vaca se queda.
Cada día traen batalla,
y si alguna vez hay tregua,
es perecer los soldados
y morir de hambre la tierra.
Cuando Dios tiene criado,
de fruta, de carne y pesca,
todo se registra, y pasa
por la boca desta cueva.

Alonso de Ledesma (¿1562?-1633), Juegos de Noche Buena moralizadores a la vida de Christo, martirio de Santos, y reformación de costumbres. Con unas enigmas hechas para honesta recreación.

937. **Gota coral es mi mal,**
dividido, si se nota,
porque aquí me da la gota,
y acullá tengo el coral.
Varios remedios me aplica,
quien tiene de mí cuidado,
pues por la boca he tomado,

mil recetas de botica.
Danme polvos cada hora,
y suélolos derramar,
porque en esto de curar,
hay gente muy moledora.
Y tan adelante pasa,
mi mal (si bien se conoce)
que casi siempre a las doce
me da el mal en cada casa.
Hácenme burlas pesadas,
ya de noche, ya de día,
y con su mano, y la mía,
gustan darme de puñadas.
Anden como cortesanos,
y traten con discreción,
pues saben cuán malas son
todas las burlas de manos.
Con nadie burlarme quiero,
sea amigo o enemigo,
y el que se burla conmigo,
sepa que es un majadero.

Alonso de Ledesma (¿1562?-1633), Juegos de Noche Buena moralizadores a la vida de Christo, martirio de Santos, y reformación de costumbres. Con unas enigmas hechas para honesta recreación.

938. **Guardadamas es mi oficio,**
y en saliendo del retrete,
también sirvo de alcahuete,
que no es muy mal beneficio.
De cierta dama sé yo,
la cual despunta de aguda,
que con mi traza y ayuda,
en cien mil partes entró.
Algunas con ojos vi
que pienso que ciegas son,
pues en cualquier ocasión
dan de ojos sobre mí.
Y bien pagan sus antojos,

en encontrarse conmigo,
que a muchas de las que digo
les hice quebrar los ojos.
Siempre viví atericiado,
y aun alguno pensará,
según que mi rostro está,
que viruhelas lo han causado.
Mas que mucho esté amarillo,
si de todo cuanto como,
lo vuelvo como lo tomo,
sin que pueda digerillo.
Y así visto tan gran daño,
sin reparar en conciencia,
ni el médico dar licencia,
como carne todo el año.

Alonso de Ledesma (¿1562?-1633), Juegos de Noche Buena moralizadores a la vida de Christo, martirio de Santos, y reformación de costumbres. Con unas enigmas hechas para honesta recreación.

939. **Hay una casa portátil**
que sólo tiene una reja,
cual locutorio de monjas,
menuda, oscura y estrecha.
Tiene puente levadiza,
mas está fija en la puerta,
que era dar con todo al traste,
si levantarla quisieran.
Y aunque de tablas delgadas
cuatro paredes la cercan,
el menor clavo que tiene,
es una clavija gruesa.
Es casa de cortesanas,
y que se pican de cuerdas,
pero no de muy hermosas,
que antes son flacas y secas.
Y con ser de aqueste modo,
no ha faltado quien las quiera,
que más de cuatro galanes

les han echado terceras.
Son damas muy de palacio
de las que tocar se dejan,
aunque en actos deshonestos
yo confieso que se templan.
Ninguno juegue de manos,
sin mirar a la que llega,
porque le quiero advertir
que tiene una prima entre ellas.
Y el que no sabe su trato,
no las tiente de paciencia,
porque él quedará por necio,
y ellas quedarán por cuerdas.

Alonso de Ledesma (¿1562?-1633), Juegos de Noche Buena moralizadores a la vida de Christo, martirio de Santos, y reformación de costumbres. Con unas enigmas hechas para honesta recreación.

940. **Hijo soy de padres vivos,**
puesto que salí del parto,
falto de todas tres vidas,
de hombre, de bestia, de árbol.
Salí de velos cubierto,
de do se colige claro,
que en el color, y en la forma
me dejó mi padre en blanco.
Una cosa tengo de hombre,
y es que sin ser bautizado,
compran bula para mí
como si fuera cristiano.
Suele mi madre subirse
a parirme en lo más alto,
y temo hacerme tortilla,
si por mi desdicha caigo.
Muchos me llevan por tierra
a las jornadas que marcho,
aunque el pasarme por agua
suele ser muy ordinario.
Cuando no temía perder

la vida que Dios me ha dado,
me estrellaba con cualquiera,
aunque fuera Viernes Santo.
Metí paz en mil pendencias,
y era tan desatinado,
que con el que estaba herido
iba a romperme los cascos.
Pero ya que tengo seso,
précome de tan humano,
que me dan nombre de Pío,
y yo mismo me lo llamo.
Muchos juzgarán por clara
esta enigma de que trato,
y a fe, que no es clara toda,
como lo verá el más sabio.

Alonso de Ledesma (¿1562?-1633), Juegos de Noche Buena moralizadores a la vida de Christo, martirio de Santos, y reformación de costumbres. Con unas enigmas hechas para honesta recreación.

941. **Préciome de comer mucho,**
y no cosas regaladas,
sino un monte de bellotas,
sin dejar tronco ni rama.
Gusto de comer con luz,
y mi tosco maestresala,
cuando trincha lo que como,
trae en las manos un hacha.
En lo que es el digerir,
ningún avestruz me iguala,
que mi calor natural,
a todos hace ventaja.
Mas no por ser tan voraz,
me notan de cosas bajas,
porque de mi inclinación,
siempre aspiro a cosas altas.
Soy un colérico adusto,
Dios os libre de mi saña,
que basto a asolar el mundo,

si me dan alguna causa.
En el rostro se me ve
mi cólera requemada,
porque luego se me pone
hecha pavesa mi cara.
Y aunque Avicena, y Galeno,
en sus aforismos mandan,
que quien es tan encendido,
beba con grande templanza.
Quien me brindase a beber,
mire cómo arroja el agua,
porque para mis achaques,
en siendo mucho me mata.

Alonso de Ledesma (¿1562?-1633), Juegos de Noche Buena moralizadores a la vida de Christo, martirio de Santos, y reformación de costumbres. Con unas enigmas hechas para honesta recreación.

942. **¿Qué monstruo cual yo se ve,**
desde un Polo al otro Polo,
con un ojo, y un pie solo,
y con dientes en el pie?
Hembra soy, y cada día
muchas hermanas nos vemos
pero no nos parecemos
en lo que es fisonomía.
Cada cual vive en su casa
sin entrar en otra ajena,
que por traición se condena
cuando a la ajena se pasa.
Una cueva he descubierto
con dos sendas encontradas,
tan oscuros e intrincadas,
que sola yo las acierto.
Harta estoy de las de andar,
y mil veces me he turbado,
porque el echar por buen lado,
está el errar o acertar.
En esta cueva me encierro,

y aunque piensa quien me roba
que soy especie de Loba
Plinio lo tiene por yerro.
Y así es la opinión más cierta,
que un hombre humano me hizo,
y como a monstruo mestizo,
procuró echarme a tu puerta.

Alonso de Ledesma (¿1562?-1633), Juegos de Noche Buena moralizadores a la vida de Christo, martirio de Santos, y reformación de costumbres. Con unas enigmas hechas para honesta recreación.

943. **Sobre un tablado dan vuelta,**
tres hombrecillos sin pies,
a quien no faltan azares,
y sus encuentros también.
Hacen varias tropelías,
pues siendo en número tres,
tal vez dirán que son ocho,
y otras veces dieciséis.
Dan vueltas muy espantosas,
mas que mucho que las den,
si están en los puros huesos
y nadie los vio comer.
Mas aunque son tan ligeros,
no falta algún bachiller,
que los llama topo a todos,
y pienso que el topo es él.
Reparen en lo que dicen,
los que tienen que perder,
que lo echarán todo a doce,
aunque sea contra el rey.
En materia de dar vueltas,
opiniones hallaréis,
pues las que a mí me dan gusto
causan pena a más de diez.
Harto mejor estuvieran
en la guerra todos tres,
porque éstos entre soldados,

es donde parecen bien.
Pero acá por las ciudades
por el mal ejemplo que es,
malos dados me dé Dios,
si los consintiera haber.

Alonso de Ledesma (¿1562?-1633), Juegos de Noche Buena moralizadores a la vida de Christo, martirio de Santos, y reformación de costumbres. Con unas enigmas hechas para honesta recreación.

944. **Soy mozo tan delicado,**
que siempre en la cama estoy,
y aunque no muy rico soy,
mil doctores me han mirado.
Un estranjero algibrista
lo primero me briznó,
y todo el cerco me untó
para conservar la vista.
Con mucha solicitud
me ven damas de mil casas,
y tras ofrecerme pasas,
me prometen la salud.
Lloro, y río con algunas,
y como mujer me toco,
que no hay en el mundo loco
como yo de tantas lunas.
Pero no por eso dejo
de dar consejo a do voy,
que aunque lunático soy,
muchos toman mi consejo.
Soy libre, si se repara,
pues desde el Rey al vasallo,
la falta que en ellos hallo
les doy con ella en la cara.
Quiérenme de mozo y viejo,
no tanto por mi beldad,
cuanto por hablar verdad,
con claridad y despejo.

Alonso de Ledesma (¿1562?-1633), Juegos de Noche Buena moralizadores a la vida de Christo, martirio de Santos, y reformación de costumbres. Con unas enigmas hechas para honesta recreación.

945. **Soy un gracioso truhán,**
y desde niño fui siempre
el muchacho más salado,
que naturaleza tiene.
Hasta el Rey me da su mesa,
y escudos sobre mí vierte,
sólo porque le dé gusto
cuando coma, o cuando cene.
Las cosas más desabridas
que otros por suyas las venden,
ésas puestas en mi boca
les doy la sal que requieren.
Aunque en banquetes y fiestas,
es menester que me temple,
que soy un poco mordaz,
y picante muchas veces.
Mi punta tengo de noble,
y si mis partes no mienten,
vengo a estar en tercer grado
con los finos Pimenteles.
Mas al cabo soy truhán,
y no hay pícaro que encuentre,
que con ceniza y con agua
la cara no me refriegue.
Y en faltándome por eso
la sal, el gusto, el sainete,
todos dicen sal aquí,
como si yo perro fuese.

Alonso de Ledesma (¿1562?-1633), Juegos de Noche Buena moralizadores a la vida de Christo, martirio de Santos, y reformación de costumbres. Con unas enigmas hechas para honesta recreación.

946. **Soy un mártir sin pecado,**
y aunque fue contra mi gusto,
como Sebastián el justo,
vine a ser aseteado.
Y no por aquesto dejo
de pasar lo que pasé,
pues como a Bartolomé
me quitaron el pellejo.
Con otro martirio adorno
el timbre de mi blasón,
y es que imito en conclusión
a los tres niños del horno.
Cuya llama transitoria,
el Limbo fue para mí,
pues mientras estuve allí,
no sentí pena ni gloria.
Mi vida sencilla, y pura,
dice lo que valgo y puedo,
pues al mundo en pan me quedo,
por sustento a la criatura.
Y con ser mi cuerpo tal,
que le estima el Papa en Roma,
la vez que mis huesos toma,
es para echarlos a mal.

Alonso de Ledesma (¿1562?-1633), Juegos de Noche Buena moralizadores a la vida de Christo, martirio de Santos, y reformación de costumbres. Con unas enigmas hechas para honesta recreación.

947. **Trátanme con tal fiereza,**
que porque sirva mejor,
me suele dar mi señor
mil golpes en la cabeza.
Y soy tan perjudicial,
que a veces es importante,
de que vaya uno delante,
para escusar daño tal.
No sé como satisfacen
mis hermanos en servir,

pues oigo de ellos decir,
que yerran en cuanto hacen.
Y así los más de los tales,
arrastrados fenecieron,
que unos potros les trajeron
por las calles principales.
Tres muy honrados se ven,
cuya dicha ha sido tal,
que por hacer mucho mal,
han venido a mucho bien.
Mas aunque más les alabo,
esclavos son cual esotros,
que ninguno de nosotros,
no puede ser sino esclavo.

Alonso de Ledesma (¿1562?-1633), Juegos de Noche Buena moralizadores a la vida de Christo, martirio de Santos, y reformación de costumbres. Con unas enigmas hechas para honesta recreación.

948. **Un juego de cañas vi,**
todos de papel vestidos,
en sus caballos fingidos,
y sus damas junto a sí.
Corren cañas diligentes,
como si fueran de veras,
con sus cuadrillas enteras,
y libreas diferentes.
Y verás si no te asombras,
antes de estar concertados,
hacer muy buenos tablados,
los más cubiertos de alfombras.
Mas si tú no los atajas,
y limitas el poder,
no puede dejar de haber
entre ellos muchas barajas.
Que como ciñen espadas
muchachos tan sin sosiego,
temo que si dura el juego
tiene que haber cuchilladas.

Y no dudo que sea así,
viniendo a jugar cual viene,
que aunque son chiquillos tiene,
mil puntillos entre sí.
Cuatro Reyes coronados
hay debajo de un dosel,
con coronas de papel,
y con sus cetros dorados.
Y pues tiene de jugar
aquesta cuadrilla entera,
de fuerza será primera,
si se vienen a juntar.

Alonso de Ledesma (¿1562?-1633), Juegos de Noche Buena moralizadores a la vida de Christo, martirio de Santos, y reformación de costumbres. Con unas enigmas hechas para honesta recreación.

949. **Un pueblo de casas soy,**
sin techo, puerta o ventana,
y aunque no es de gente humana,
muy bien gobernado estoy.
Es mi República tal,
que viven con grande tasa
pues tienen tan poca casa
el Rey como el oficial.
Ninguno espera a San Juan,
a mudar casa, y asiento,
que los más en un momento,
a vivir fuera se van.
Sólo el Rey es el casado
con una dama sin ley,
pues a veces deja el Rey,
por el más triste soldado.
Mas pues Reyna no se llama,
y tal la consiente hacer,
no debe de ser mujer,
sino solamente dama.
A la gran Sevilla puedo
compararme en los rebatos,

pues de blancos y mulatos,
hay pendencias cada credo.
Y aunque en cualquiera combate
anda cada cual bien ciego,
es cosa de risa y juego,
pensar que nadie se mate.

Alonso de Ledesma (¿1562?-1633), Juegos de Noche Buena moralizadores a la vida de Christo, martirio de Santos, y reformación de costumbres. Con unas enigmas hechas para honesta recreación.

950. **Yo soy aquel cazador**
que todo este monte espeso
muchas veces atravieso
por dar caza a mi Señor.
Bien el matarla le importa,
que a trueco de la cazar,
muchas veces suele dar
en aqueste monte corta.
Cuando más holgarme ves
sus malezas desenredo,
y la caza que yo puedo
hago venir a sus pies.
Hay fieras de varios nombres,
y dicen los naturales,
que son estos animales
los que comen a los hombres.
En aquesta selva veo
a diez monteros cazar,
los andan a matar,
y los ocho van a ojeo.
Hartas veces he cazado
allá en los montes del Rey,
porque para mí no hay ley,
ni monte que esté vedado.
Mil damas de rostros bellos,
me pretenden por su amigo,
mas es tenerme consigo,
llevarme de los cabellos.

Alonso de Ledesma (¿1562?-1633), Juegos de Noche Buena moralizadores a la vida de Christo, martirio de Santos, y reformación de costumbres. Con unas enigmas hechas para honesta recreación.

951. **Yo soy una cortesana,**
que siempre suelo traer
cosas de olor por las calles,
que las conozco muy bien.
Soy muda de nacimiento,
y si hablo alguna vez,
aunque sea en castellano,
todos dicen que es francés.
Soy la muda más sonada,
que en todo el mundo se ve,
pues entiendo por un lienzo
cuanto decirme queréis.
Cuando doy algunas voces,
en la forma que yo sé,
unos dicen, Dios te ayude,
y otros responden, Amén.
En las ciudades famosas,
tengo opinión al revés,
en Roma de ser muy corta,
y larga en Jerusalén.
No querría crecer mucho,
porque si grande me ven,
ponen dolo en mi hidalguía
sin por qué ni para qué.
Ando a probar mi limpieza,
y mi probanza ha de ser,
por estos diez mandamientos,
delante del mismo Rey.
Para fiestas de la plaza,
en cualquier ciudad que esté
tengo dos ventanas propias,
pero no son para ver.

Alonso de Ledesma (¿1562?-1633), Juegos de Noche Buena moralizadores a la vida de Christo, martirio de Santos, y reformación de costumbres. Con unas enigmas hechas para honesta recreación.

952. De grande fuerza dotado
y de mediana agudeza
Dios me puso en la cabeza
grandes cosas, mal pecado.
Con un bruto mal sufrido,
que sobre ojo me tenía
porque enfrente de él vivía,
anduve un tiempo torcido;
hasta que por buena suerte
justa a su destino fiero,
en la plaza un caballero,
le dio por horror la muerte.
Yo, que pobre de consejo,
allí presente me hallé,
no poca ventura fue
escapar con el pellejo.

Juan de Salinas (1562-1643), Poesías.

953. Desde aquel infausto día
que por interese vario
me apartó violenta mano
de tu dulce compañía;
mudada forma y estilo,
y de lo que fue trocada
tan macilenta y delgada
que está mi vida en un hilo;
aunque de mil pretendida
dando a las damas ejemplo,
estoy dedicada al templo,
del mundo ya despedida.
Del origen, no presumo
que traigo de mis mayores
pues al cabo, todo es flores
que van a parar a humo.
Aquí, no envidiando al cielo
con claridad encendida
asisto a la gran comida
que enriquece y hasta al cielo,
a Dios bendigo y alabo,

y lo haré de esta manera,
mientras mi vida sincera
no viese llegado al cabo.

Juan de Salinas (1562-1643), Poesías.

954. En una solemne fiesta
vi en hábito de romero,
un montañés bravo y fiero
que era una bizarra testa,
y hubo muy pocos valientes
en el convite apacible
a quien el monstruo terrible
no le enseñara los dientes.
Yo discurriendo, entendí
por su color tapetado,
que es este que os he contado
hijo de Java y Alí.

Juan de Salinas (1562-1643), Poesías.

955. Hiérenme con mil heridas
pisada de banda a banda,
un fugitivo que anda
quitando capas y vidas.
Y ha sido de tanto daño
en poblado y en desiertos,
que tiene más hombres muertos
que días hay en el año.
No hay tan poderosa vara
ni ministro tan de prueba,
que de mil leguas se atreva
sólo a mirarle a la cara.
Pues ya cuando se acompaña
de una perra y de un león,
algún sin alma ladrón
que le espera en la campaña.
No ha sido mucho que de tropel
salieron dos compañías,
por cogerle algunos días

y al fin volvieron con él.
Mas sirvió poco a la fe,
pues cuando más descuidados,
trepando por los tejados
de entre manos se les fue.
Y así, ninguno se nombra
hoy tan bravo en nuestra edad,
que se precie con verdad
de que le puso a la sombra.
Dios debe quererlo así,
que cuando suelto el homicida,
y yo sin culpa y herida
esté en prisiones aquí.
Quizá padezco estos males
por ser clara y mi doblez,
que no es la primera vez
que han padecido los tales.
Y quien me ve en la ventana
con tanto aliño y primor,
y en la apariencia exterior
tan lucida, alegre y sana,
tendrá por algarabía
de este sueño la soltura,
por lo que tiene de oscura
y es el sol de medio día.

Juan de Salinas (1562-1643), Poesías.

956. **Más tramos y más dobleces**
tiene que un mozo de coro,
y así en los cuernos del toro
se ha visto más de dos veces.
No hay poder de Rey ni Papa
que le estorbe en su ejercicio,
porque de todos escapa.

Juan de Salinas (1562-1643), Poesías.

957. **Yo soy un fuerte soldado,**
que donde hay mayor aprieto,

me señalo, y acometo
a lo que está mal cerrado:
y con tener por molestas
las armas, cuantos las traen;
no veréis que se me caen
jamás las armas de acuestas.

Juan de Salinas (1562-1643), Poesías.

958. **Alarbes me dieron parias**
como a rey y emperador,
y me llamaron señor
del África partes varias.
La obediencia y el poder
juntos conmigo vivieron;
vivo nunca me vencieron,
y muerto pude vencer.

Lope de Vega (1562-1635), La Arcadia.

959. **Decid, pastores, ¿cómo se apellida**
aquella que entre montes fue nacida
con siete letras entre espinas fieras,
en la cual si quitáis las dos postreras
en mil no hallaréis una,
tanto se estima cuando se halla alguna?

Lope de Vega (1562-1635), Pastores de Belén.

960. **Sin cesar, porque me fundo**
cual nave en madera y lino,
al modo del sol camino
todo lo que alcanza el mundo.
Y como metida estoy
siempre entre tantas marañas,
voy dejando las entrañas
por dondequiera que voy.
Como una caña delgada
es débil mi corazón,
hilos mis entrañas son,
que hasta el alma tengo hilada.

Mi música es canto llano,
sé cantar, pintar, vestir;
finalmente, hasta morir
voy siempre de mano en mano.

Lope de Vega (1562-1635), Pastores de Belén.

961. **Tengo en el cielo lugar,**
aunque imaginario soy,
bien o mal dicen que doy,
o que le puedo causar.
Soy hombre, león, cordero,
agua, toro y virgen soy,
flechas tiro, y en fin, doy
por peso el tiempo que quiero.
Es mi nombre y calidad
de suerte que decir puedo
que con la mitad concedo
y niego con la mitad.

Lope de Vega (1562-1635), Pastores de Belén.

962. **Yo hice reino a Castilla**
más con armas que tesoros,
y de fronterizos moros
fui cuchillo y maravilla.
A no ser yo sin segundo,
mi mujer me fuera igual,
que en el amor conyugal
fue raro ejemplo del mundo.

Lope de Vega (1562-1635), La Arcadia.

963. **De un humilde animal vengo,**
soy blando de condición,
y sin lengua doy razón
de todo, aunque no la tengo.
Y aun parece más que humano,
de mi poder la grandeza,
porque otra naturaleza
hago al que me da la mano.

Lo que estimo sobre todo,
que no sólo artificiales,
pero sobrenaturales
cosas hago en alto modo.
Todo cuanto quiero hago,
y lo vuelvo a deshacer;
sin término es mi poder
y sin término mi estrago.
Es mi poder en el suelo
tan semejante al Eterno,
que puedo echar al infierno
y puedo llevar al cielo.
Y aquí, para entre los dos,
llega mi poder a tanto,
que no sólo haré un santo,
pero haré al mismo Dios.

Francisco Pacheco (1564-1644), Poesías.

964. Ejército de oro,
que, por campañas de zafir marchando,
guardáis el trono del eterno coro
con diversas escuadras militando;
Argos divino de cristal y fuego,
por cuyos ojos vela el mundo ciego;
señas esclarecidas
que, con llama parlera y elocuente
por el mundo silencio repartidas,
a la sombra servías de voz ardiente;
pompa que da la noche a sus vestidos,
letras de luz, misterios encendidos.

Francisco de Quevedo y Villegas (1580-1645),
Poesías.

965. Las dos somos hermanas producidas
de un parto y por extremo parecidas.
No hay vida cual la nuestra penitente:
siempre andamos de embozo entre la gente,
que a indecencia juzgara

vernos un ojo, cuanto más la cara;
necesidad precisa
nos tiene muchas veces sin camisa;
gormamos siempre lo que no comemos;
y otro mayor trabajo padecemos,
que por culpas ajenas
somos el dedo malo de las penas.
Un eco es nuestra voz, de que, ofendidos,
y con razón, se muestran dos sentidos,
y, así, la urbanidad, aunque forzadas,
nos tiene a soliloquios condenadas.
Es, al fin, nuestra vida,
por recoleta, siempre desabrida.
Explicación:
si no quieres trabajar
el ingenio, bella Clori,
orinal somos sin ori
y Vargas, quitando el Var.

Francisco de Quevedo y Villegas (1580-1645), Poesías.

966. Por ti el lienzo suspira
y sin sentidos mira.
Tú sabes sacar risa, miedo y llanto
de la ruda madera, y puedes tanto,
que cercas de ira negra las entrañas
de Aquiles, y amenazas con sus manos
de nuevo a los troyanos...
Por ti el que ausente de su bien se aleja
lleva (¡oh piedad inmensa!) lo que deja.
En ti se deposita
lo que la ausencia y lo que el tiempo quita.

Francisco de Quevedo y Villegas (1580-1645), Poesías.

967. ¿Quién con su fiereza espanta
el cetro y corona al rey?
¿Quién, careciendo de ley,
merece nombre de santa?

¿Quién con la humildad levanta
a los cielos la cabeza?

Francisco de Quevedo y Villegas (1580-1645), Letrillas.

968. **¿Quién hace al tuerto galán**
y prudente al sin consejo?
¿Quién al avariento viejo
le sirve al río Jordán?
¿Quién hace de piedras pan,
sin ser el Dios verdadero?

Francisco de Quevedo y Villegas (1580-1645), Letrillas.

969. **¿Quién la montaña derriba**
al valle; la hermosa al feo?
¿Quién podrá cuanto al deseo,
aunque imposible, conciba?
¿Y quién lo de abajo arriba
vuelve en el mundo ligero?

Francisco de Quevedo y Villegas (1580-1645), Letrillas.

970. **¿Quién los jueces con pasión,**
sin ser ungüento, hace humanos,
pues untándolos las manos
les ablanda el corazón?
¿Quién gasta su opilación
con oro y no con acero?

Francisco de Quevedo y Villegas (1580-1645), Letrillas.

971. **¿Quién procura que se aleje**
del suelo la gloria vana?
¿Quién, siendo toda cristiana,
tiene la cara de hereje?
¿Quién hace que al hombre aqueje
el desprecio y la tristeza?

Francisco de Quevedo y Villegas (1580-1645), Letrillas.

972. **Saturno, alado, rüido**
con alas, átomo armado,
bruja ave, aguijón alado,
cruel sangrador zumbido,
menestril pulga, Cupido
clarín, chinche trompetero;
no toques, mosca barbero,
que, mosquito postillón,
le vienes a dar rejón,
sin ser marido, a mi cuero.

Francisco de Quevedo y Villegas (1580-1645), Poesías.

973. **Yace cláusula de perlas**
si no rima de clavel,
dynasta de la belleza,
que ya cataclismo fue,
un tugurio de pyropos,
ojeriza de zalé,
poca porción que secuestra
corusca favila al bien:
pórtico donde rubrica
al múrice Tyrio el ver,
tutelar padrón del alma,
aura genitiva en él.

Francisco de Quevedo y Villegas (1580-1645), Obras crítico-literarias.

974. **Aunque me ves tan trocado**
hoy de mi aspecto primero,
nacido fui en la montaña,
Ibarra llamado un tiempo.
Sacáronme a pura fuerza
de mi tierra, y como negro,
vendiéronme a los extraños,
pero disculpa tuvieron.
Pues por muy cierto se sabe
que entre muchos de mi cuerpo,
y alguno de ellos esclavo,
yo fui vendido por hierro.

Era muy grosero y rudo,
mas de poder de mi dueño
salí malicioso y primo:
tales porrazos me dieron.
Y el amo que sirvo ahora,
suele, por su pasatiempo,
sacudirme con un gato,
que no es mucho si reviento.
Mas ved lo que hice un día:
salióse a alegrar el necio,
y fui con él; que a sus gustos
suelo ser el instrumento.
Yo comí pesadamente
de unos pájaros muy tiernos
aunque de nombre sabrosos
y arrójeme el frasco a pechos.
Y habiéndome bien cargado,
sin ser de estómago recio,
vine a trocar la comida,
sin quedarme cosa dentro.
Quedé tan yerto y helado,
que él me volvió como muerto
tendido en un ataúd
y sobre sus hombros puesto.
Y al fin, llegando a su casa,
dejóme en un aposento
echada la llave y solo,
flaco, enjuto y boquiseco.

Juan de Jáuregui y Aguilar (1583-1641), Enigmas.

975. Un cierto alcahuete soy,
tal, que la más encerrada
suele ser de alguno hablada
si yo de por medio estoy.
Y siendo por mi respeto
el parlar introducido,
con toda mi fuerza impido
cualquiera lascivo efeto.
Así que, soy bueno y malo,

aunque pesado, ligero,
a las palabras tercero
y a las obras intervalo.
Por mandados diferentes
en pie siempre me sostengo;
voy con billetes y vengo,
y llevo y traigo presentes.
Mil embustes y falacias
digo, y en el mismo instante,
también con igual semblante,
oigo dar a Dios mil gracias.
Así conservado he sido,
y aunque es poco mi sosiego
tengo entablado mi juego
y soy en palmas traído.
Mas tan voltario me siento,
que temo ser destrozado
o a las llamas entregado
si llego a más rompimiento.

Juan de Jáuregui y Aguilar (1583-1641), Enigmas.

Siglo XVII

976. **Hecho de heridos despojos,**
tiene de Sirena el canto,
y de cocodrilo el llanto,
de basilisco los ojos,
los oídos, para enojos,
del áspid.

Pedro Calderón de la Barca (1600-1681), El mayor monstruo, los celos.

977. **Crióme alguno pulida y hermosa**
más blanca que nieve caída en el prado,
la madre me muele, la hija me moja,
su cuerpo les cubro, a mal mío grado
mis carnes me cortan con hierros agudos,
por darles contento a todas naciones,
y luego procuran con sus invenciones,
que muestre a hablar los sordos y mudos.

Anónimo, Quarenta enigmas españolas dirigidas al Illustríssimo y Excelentíssimo Señor el Duque de Nevers, Governador y Capitán General de la provincia de Champaña, y Colonel de la Cavallería ligera de Francia (1611).

978. **Cuál es aquel galán fanfarrón**
sin cuerpo, sin alma, que trata con gentes,
tan alto, tan bajo, de gran presunción,
que sube a los cielos por sus accidentes,
es rico y es pobre, es rey impotente,
baja al infierno y estáse en la tierra,
él ama la paz, él quiere la guerra,
y está entre nosotros ahora presente.

Anónimo, Quarenta enigmas españolas dirigidas al Illustríssimo y Excelentíssimo Señor el Duque de Nevers, Governador y Capitán General de la provincia de Champaña, y Colonel de la Cavallería ligera de Francia (1611).

979. **Cuál es aquella cruel homicida,**
amparo de todos los que la poseen,
quiere traerse siempre vestida,
y los que la desnudan pierden la vida,
o la quitan a otro, según proceden.

Anónimo, Quarenta enigmas españolas dirigidas al Illustríssimo y Excelentíssimo Señor el Duque de Nevers, Governador y Capitán General de la provincia de Champaña, y Colonel de la Cavallería ligera de Francia (1611).

980. **¿Cuál será aquella hermosa mujer,**
que nunca en tierra vivió, ni es persona?
Ella no es Reina, y tiene corona,
es inhumana, amorosa y cruel,
canta suave más triste de aquel
que oyes este canto tan temeroso,
a ésta la temen el gato y el oso,
leones y perros, los hombres también.

Anónimo, Quarenta enigmas españolas dirigidas al Illustríssimo y Excelentíssimo Señor el Duque de Nevers, Governador y Capitán General de la provincia de Champaña, y Colonel de la Cavallería ligera de Francia (1611).

981. **Cuatro pies tengo, y muerto sin sentido**
camino asaz, y jamás me canso,
después de flaco, a ser muy gordo alcanzo,
soy enojoso haciendo gran ruido.
No puedo ser siempre bien detenido,
a muchos llevo y me dejo muy manso,
también llevar; y luego pues me lanzo
a caminar. No sin ser bien sentido.
Dañado soy de lluvia y de viento,
de dar placer yo nunca me arrepiento,
a quien después me deja con descuido.
Lo que no hace el a quien doy enojos,
mi galardón después de mil trabajos,
es al fin que de algún quedo comido.

Anónimo, Quarenta enigmas españolas dirigidas al Illustríssimo y Excelentíssimo Señor el Duque de Nevers, Governador y Capitán General de la provincia de Champaña, y Colonel de la Cavallería ligera de Francia (1611).

982. **De hermanas hay dos docenas,**
feas no, aunque morenas,
que hacen en pocos momentos
mil amantes muy contentos.
Más que ellas blanca es su madre,
muy blanco es también su padre,

pero no puede engendrar,
si no se quiere bajar
so la mujer, la cual hace
después dél lo que le place.
Poco a poco estas doncellas
sufren que se goce dellas:
pero no juntas se dan,
antes apartadas van
dos a dos, y tres a tres,
seis, y siete alguna vez,
también hacen golpear
al que no las quiere amar,
sin trabajo no se alcanza
gozo dellas ni holganza,
a las veces mil trabajos
vienen dellas con enojos,
sin que ellas sean culpadas,
sino las gentes malvadas,
que las emplean en mal,
también ellas por igual
cuentan nuevas milagrosas,
verdaderas y dudosas,
porque van por todo el mundo,
y por mar sin ver el fondo,
sin mudar de calidad
dicen mentira y verdad,
que no hay vergüenza en ellas,
pues ¿quiénes son estas doncellas?

Anónimo, Quarenta enigmas españolas dirigidas al Illustríssimo y Excelentíssimo Señor el Duque de Nevers, Governador y Capitán General de la provincia de Champaña, y Colonel de la Cavallería ligera de Francia (1611).

983. **Del ave volando,**
y más voceando
la fuerza quitad,
y después cortada
hace bien y mal,
el falso y leal

se prevale della,
y pega tal pella,
que no hay igual.

Anónimo, Quarenta enigmas españolas dirigidas al Illustríssimo y Excelentíssimo Señor el Duque de Nevers, Governador y Capitán General de la provincia de Champaña, y Colonel de la Cavallería ligera de Francia (1611).

984. **De tierra y agua formado,**
y también de fuego y viento,
no le falta elemento
de cuantos Adán fue criado,
tiene boca y no come,
y si bebe no le empece,
no es ave, ni es pece,
ni es animal que come.

Anónimo, Quarenta enigmas españolas dirigidas al Illustríssimo y Excelentíssimo Señor el Duque de Nevers, Governador y Capitán General de la provincia de Champaña, y Colonel de la Cavallería ligera de Francia (1611).

985. **Nació un animal por mal de la gente**
y en todos sus hechos, peor que padrastro
do quiera que va deja su rastro
y en su morada cabe una fuente
y nunca se parte de allí en continente
si el animal muere, la fuente no mana,
si el animal vive, contino se afana
a manar, mas no muy corriente.

Anónimo, Quarenta enigmas españolas dirigidas al Illustríssimo y Excelentíssimo Señor el Duque de Nevers, Governador y Capitán General de la provincia de Champaña, y Colonel de la Cavallería ligera de Francia (1611).

986. **Pasa por medio de un florido prado**
una dama soberbia, cruel y hermosa,
es muda, y es ciega, valiente y medrosa,
y el que la mira se queda espantado,

viste un vestido sin seda labrado
jamás se cose ni tiene cosedura,
y cuando la tiene, no tiene ventura,
pues paga la culpa que dio al no engendrado.

Anónimo, Quarenta enigmas españolas dirigidas al Illustríssimo y Excelentíssimo Señor el Duque de Nevers, Governador y Capitán General de la provincia de Champaña, y Colonel de la Cavallería ligera de Francia (1611).

987. **Por un anchuroso y soberbio prado,**
sembrado de flores y yerbas extrañas,
vi caminar tres Ninfas hermanas,
que nunca paraban a paso tirando:
la una hilaba de un lino preciado,
la otra lo aspaba, que así convenía,
la otra cortaba por donde quería,
de aquello que estaba torcido y aspado.

Anónimo, Quarenta enigmas españolas dirigidas al Illustríssimo y Excelentíssimo Señor el Duque de Nevers, Governador y Capitán General de la provincia de Champaña, y Colonel de la Cavallería ligera de Francia (1611).

988. **Pregunto quién con cuatro pies camina,**
y pues con dos va a ver a su vecina,
y pues con tres es amigo del fuego,
dígame, pues ¿quién tal puede ser, luego?

Anónimo, Quarenta enigmas españolas dirigidas al Illustríssimo y Excelentíssimo Señor el Duque de Nevers, Governador y Capitán General de la provincia de Champaña, y Colonel de la Cavallería ligera de Francia (1611).

989. **Pregunto quién es aquel caballero,**
rey esforzado que siempre venció,
es entre damas soldado guerrero,
segundo en su casa jamás consintió,
de música y celos, de amor se mantiene.
De cuerpo es gentil, también generoso,

vence a la onza, al tigre y al oso,
también el león gran miedo le tiene.

Anónimo, Quarenta enigmas españolas dirigidas al Illustríssimo y Excelentíssimo Señor el Duque de Nevers, Governador y Capitán General de la provincia de Champaña, y Colonel de la Cavallería ligera de Francia (1611).

990. **Soy aborrecida de los que me tienen,**
los que no me tienen de gana a mí vienen,
siendo yo de algunos muy bien acatada,
de los otros más soy despreciada,
aunque estoy llena de experiencia,
y que por ella así tengo gran ciencia,
y que de Dios soy galardón al hombre,
podrá bien el que sabe decir mi nombre.

Anónimo, Quarenta enigmas españolas dirigidas al Illustríssimo y Excelentíssimo Señor el Duque de Nevers, Governador y Capitán General de la provincia de Champaña, y Colonel de la Cavallería ligera de Francia (1611).

991. **Soy más negra que la pez,**
soy más blanca que la nieve,
soy más limpia que el envés
de la rosa cuando llueve:
pido lo que he menester,
hablo y no sé lo que me digo,
trátame bien mi enemigo,
porque cante y dé placer.

Anónimo, Quarenta enigmas españolas dirigidas al Illustríssimo y Excelentíssimo Señor el Duque de Nevers, Governador y Capitán General de la provincia de Champaña, y Colonel de la Cavallería ligera de Francia (1611).

992. **Metida en dura cadena**
me tienen sin culpa alguna,
sujeta acaso y fortuna,
colgada sin culpa y pena.
La forma tengo del viento,

aunque de él soy maltratada;
muerta no soy estimada,
vivo y muero en un momento.
Con agua estoy de contino,
aunque es causa de mi muerte;
si caigo en tierra por suerte,
pierdo la forma y me fino.
Estoy baja y estoy alta,
cercana a Dios verdadero,
y en comiendo lo postrero,
luego la vida me falta.
Soy resplandeciente y clara,
alegro la vista al hombre,
y el fin de mi propio nombre
se viene a acabar en para.

Alonso Fernández de Avellaneda, Segundo Tomo del Ingenioso Hidalgo Don Quijote de la Mancha (1614).

993. **Yo tengo de andar encima,**
por ser, como soy, ligero:
de oveja nací primero;
sólo el turco no me estima.
De mil formas y señales,
redondo estoy sin cantones,
cubro más de diez millones,
y hay entre ellos animales.
Adorno al pobre y al rico,
sin guardar costumbre o ley;
sobre emperador y rey
me asiento, y soy grande y chico.
Si hay canícula excesiva,
me suelo andar en las manos,
y me traen los cortesanos
con la merced boca arriba.
Luego torno a entronizarme
más hueco que una bacía,
aunque viento y cortesía
bastan para derribarme.

Alonso Fernández de Avellaneda, Segundo Tomo del Ingenioso Hidalgo Don Quijote de la Mancha (1614).

994. **Noche y día sin parar,**
tu agitación misteriosa
un momento no reposa,
ni me deja reposar.
¿Cómo no he de reparar
tu continua pulsación,
o cómo a la distracción
lugar alguno le queda,
si los dientes de tu rueda
me muerden el corazón?

Benito Jerónimo Feijoo y Montenegro (1676-1764), Poesías filosófico-cristianas.

Siglos XVIII al XX

995. **Aquella que vil un tiempo**
causaba infamia y honor,
hoy brilla en alta grandeza
y un crimen la ennobleció.
Ella en sus impuros brazos
al asesino, al ladrón,
recibía: y ora en ellos
al rey mismo diera honor.
Viose en su infamia abatida,
pero hoy tiene tal valor,
que a su aspecto se estremece
en contrario el más feroz.
Por ella, en fin, combatieron
mil y mil héroes de pro,
que cual símbolo glorioso
la ostentaban con honor.

Francisco Acuña de Figueroa (1791-1862), Poesía diversa.

996. **Compré una col para el guiso**
algo cara, y mi señor
dijo el nombre de este enigma
haciendo una exclamación.
El enigma es un viviente
cornudo, mas no cabrón,
pues sin hembra y solitario
vive en su ebúrnea mansión.
Nunca sale fuera de ella
ni otro en ella se hospedó:
así un mismo nombre tienen
la casa y su habitador.

Francisco Acuña de Figueroa (1791-1862), Poesía diversa.

997. **Con disforme boca y vientre,**
insaciable en el beber,
licor ninguno le basta,
pues nada le para en él.
Bebiendo continuamente
nunca saciado se ve,
pues primero llenarían
las Danaides su tonel.
Cuando no bebe licores
no puede tenerse en pie,
y boca abajo lo ponen
cual si sufriese embriaguez.
Finalmente, a nombre suyo,
aunque no es papa ni rey,
el hombre en ventaja propia,
ha formado cierta ley.

Francisco Acuña de Figueroa (1791-1862), Poesía diversa.

998. **¿Cuál palabra es la que expresa**
una cosa en singular,
y otro objeto muy diverso
significa en el plural?
Allá es dulzura del hombre,
aquí es su opresión fatal;

consuela al alma, si es una,
oprime al cuerpo, si es par.
Aquélla es de su existencia
la dulce y viva mitad,
éstas, infames, agravan
su infausta calamidad.
Éstas el juez las impone,
aquélla Dios nos la da,
y una mano o las dos manos
es lo que anhelan gozar.

Francisco Acuña de Figueroa (1791-1862), Poesía diversa.

999. ¿Cuál será una quisicosa
de figura de un melón
que como parte precisa
entra en la generación?
Sin ella no hay matrimonio
ni perfecta conjunción,
hombres y machos la tienen,
hembras y mujeres no.
Yeguas y vacas carecen
de la tal cosa en cuestión,
mas toros y potros llevan
un par en expectación.
Para nombrar un Pontífice
es cosa *sine qua non,*
bien que la Papisa Juana
de tal prenda careció.
El coronel, el soldado,
el obispo, el motilón,
y hasta el soberano mismo
tienen, como un toro, dos.
En fin, no des a este objeto
siniestra interpretación,
que hasta en el templo se mira
y es parte de la oración.

Francisco Acuña de Figueroa (1791-1862), Poesía diversa.

1000. **Cuatro sílabas contiene**
el nombre de esta charada,
donde primera y tercera
significa deuda impaga.
Primera y cuarta es el nombre
de una reina desgraciada,
que fue segunda y tercera
del infiel que ella hospedaba.
El todo es título honroso
a quien del pueblo lo alcanza
cuando con justa energía
por sus derechos reclama.

Francisco Acuña de Figueroa (1791-1862), Poesía diversa.

1001. **Cuatro sílabas contiene**
este enigma por total:
en la primera y segunda
cierto gusano hallarás.
Segunda y tercera ofrecen
de una persona la faz,
mas la primera y tercera
es cargo sacerdotal.
Con prima, cuarta y tercera
tomar tu caldo podrás,
pero el cabo de un cuchillo
en segunda y cuarto está.
En el todo un vil insecto
con muchas patas verás:
parece un escarabajo,
inmundo y feo animal.

Francisco Acuña de Figueroa (1791-1862), Poesía diversa.

1002. **De adorno y defensa sirven**
al que los tiene efectivos,
y de infamia al que los lleva
en metafórico estilo.

Francisco Acuña de Figueroa (1791-1862), Poesía diversa.

1003. **De carácter suave y blando,**
incapaz soy de ofender,
pero es mi nombre un baldón
si se aplica a una mujer.
El hombre que en sus dominios
me cuida por su interés
en cada año me saquea
y aun me asesina después.
Me roba mi vestidura
porque la fuerza es su ley,
y viste con mis despojos
desde el esclavo hasta el rey.

Francisco Acuña de Figueroa (1791-1862), Poesía diversa.

1004. **Del descanso de los hombres**
soy enemiga tenaz;
salteadora oculta y ágil,
vivo de sangre no más.
Recorro ocultos lugares;
lo que el sol no vio, yo vi,
tan libre que mil amantes
envidian mi suerte así.
Soy cual vampiro insaciable
y voy mi vida a buscar,
en los brazos del que airado
la muerte me quiere dar.

Francisco Acuña de Figueroa (1791-1862), Poesía diversa.

1005. **De mi primera mitad**
(hecho por Dios, y sin dolo)
salió el rey único y solo
y de más antigüedad.
De origen tan inferior
como esa primera es,
no se vio otro igual después,
ni en posesiones mayor.
Todo cuanto él adquiera,
de su grande imperio funda,

se formó de mi segunda,
que es menos que mi primera.
En esta segunda yo
miro al revés y completo
el nombre de aquel sujeto
que de la otra salió.
Este rey, ha siglos ya,
fue reducido a primera,
y al gran reino que obtuviera
a segunda lo será.
Un grato néctar se ve
en el total reunido;
si aciertas, yo agradecido,
un vaso de él te daré.

Francisco Acuña de Figueroa (1791-1862), Poesía diversa.

1006. **De vistoso traje ornado,
soy grande, fuerte y voraz,
pero al que es bobo o sin gracia
le suelen mi nombre dar.
En cualquier boda o convite
con aprecio grande estoy,
mas no habrá tonto que en ella
quiera ser lo que yo soy.
Y aunque yo haya sido hembra,
es cosa bien singular
que siempre el nombre de macho
después de muerto me dan.**

Francisco Acuña de Figueroa (1791-1862), Poesía diversa.

1007. **Dos rivales se aborrecen
con antipatía igual,
aunque ambos a un enemigo
hace la guerra a la par.
Uno es fiel, el otro ingrato,
aquél bravo, éste sagaz,
uno es salteador de noche,
otro es guarda de su hogar.**

Símbolo de la discordia
son, sin poderse tragar;
y es desgracia en los casados
estar como ellos están.

Francisco Acuña de Figueroa (1791-1862), Poesía diversa.

1008. **El sonido de una letra,**
una nota musical,
y en fin la mitad de un sapo
forman un nombre cabal.
Es pieza que todos gustan,
y algunos tal vez un par,
necesidad que nos viene
por el pecado de Adán.
Primera y tercera sílaba
es propiamente mi hogar,
y en la tercera y primera
mi trigo y mi arroz están.
Y, en fin, segunda y tercera
es tan digna y eficaz,
que aunque cuesta un sacrificio
vale una gloria inmortal.

Francisco Acuña de Figueroa (1791-1862), Poesía diversa.

1009. **En agua, en tierra y en aire,**
según su varia acepción,
es en los tres elementos
pez, hombre y luz superior.
En el mar existen varios,
pero en la tierra ya no,
pues el único que había
del todo desapareció.
Otro subsiste en la altura,
que sin sufrir variación,
con esplendores señala
su perpetua duración.

Francisco Acuña de Figueroa (1791-1862), Poesía diversa.

1010. En dos rangos diferentes,
casi de una edad y unidos,
somos hermanos y hermanas,
de igual condición y oficio.
A nuestro amo al nacer,
bastante llorar hicimos,
aunque desde aquel momento
nos encontramos cautivos.
Cien veces y más, al día,
abre aquél nuestro recinto,
mas de él sólo por enfermos
y a viva fuerza salimos.

Francisco Acuña de Figueroa (1791-1862), Poesía diversa.

1011. Entre dos platos metida,
uno convexo, otro plano,
en dos elementos vive
un ente siempre encerrado.
Feo es lo poco que asoma
de su cuerpo negro, escuálido,
mas si la hostigan, muy pronto
sacará los pies del plato.
Siempre por hembra se llama,
aunque en su especie habrá machos,
y a par de ella, desde que nace,
crece su casa o rancho.

Francisco Acuña de Figueroa (1791-1862), Poesía diversa.

1012. En un brete corto y recto,
mansión redonda y estrecha,
vive un huésped solitario
que entra sólo dando vueltas.
Este tal no tiene miembros,
sino el cuerpo y la cabeza,
y aun ésta entrar no consigue
en su estrechísima celda.
Otras vueltas da en contrario
cuando sale a viva fuerza,

y hay que deshacer el brete
si adentro el huésped se quiebra.

Francisco Acuña de Figueroa (1791-1862), Poesía diversa.

1013. **Es madre que por millones**
puede sus hijos contar;
mueren unos, nacen otros
y ella hermosa y siempre igual.
La reunión de su prole
forma su cuerpo moral;
diole existencia hace siglos
el que ha muerto y vivo está.
Más de cien cabezas tuvo
sucesivas, no a la par;
si a un tiempo con dos se ha visto,
grave fue su enfermedad.
También existe en cien climas
bajo su forma material,
y así en su seno recibe
a cuantos a verla van.
Mil crueldades en su nombre
perpetró la ceguedad;
mas ella indulgente tiene
por divisa, amor y paz.

Francisco Acuña de Figueroa (1791-1862), Poesía diversa.

1014. **Es método y guía**
en ciencia cualquiera,
mi parte primera
con sílabas dos.
Empero sin ella
la ciencia admirable
de hacerse amable
miramos en vos.
Mi parte segunda,
emblema sagrado,
es don ofertado
al Dios inmortal.

Y pagan los hombres
objeto tan santo
por plata y a un tanto,
cual cosa venal.
Mi todo de amantes
ejemplo subido,
aun muerto el marido
la fe le guardó.
Y añade un poeta,
con sátira aguda,
que nunca otra viuda
su ejemplo imitó.

Francisco Acuña de Figueroa (1791-1862), Poesía diversa.

1015. **La prima mitad de un nombre**
que cuatro sílabas tiene
hace que surque las ondas
una navecilla leve.
Con la otra mitad, cualquiera
hacerse un vestido puede.
Y los tres últimos cuartos
una útil máquina ofrecen.
Mas el todo al navegante
es de peligro inminente,
cuando en impetuosos giros
las fieras ondas revuelve.

Francisco Acuña de Figueroa (1791-1862), Poesía diversa.

1016. **Muchos, de ambos sexos, nacen**
ciertos vivientes doquier,
pero nunca entre ellos mismos
padres ni madres se ven.
Parece error de natura
y prodigio singular,
que subsistan y se aumenten
sin concebir ni engendrar.

Francisco Acuña de Figueroa (1791-1862), Poesía diversa.

1017. **Muestra el hombre mi primera**
en alto y con dignidad,
vivo espejo en que se anuncia
su mérito personal.
Mi segunda, sin decoro,
en contrapuesto lugar,
el cuadrúpedo la lleva
como una cosa de más.
Mi todo es un femenino
insecto de tierra y mar,
a él y a la casa en que habito
igual nombre se les da.

Francisco Acuña de Figueroa (1791-1862), Poesía diversa.

1018. **Pequeño, duro y cilindro,**
me estima toda mujer,
y a empujones por el fondo
le hago la punta meter.
Ella con su carne viva
me tapa la boca a mí,
y si anda activo el manejo,
gana bien su vida así.

Francisco Acuña de Figueroa (1791-1862), Poesía diversa.

1019. **Preñada de los despojos**
de animal o ave inocente,
al rico y al indigente
descanso y consuelo doy.
Sus proyectos y sus pensas
diz que consultan conmigo,
pero yo nada les digo
porque sorda y muda soy.

Francisco Acuña de Figueroa (1791-1862), Poesía diversa.

1020. **¿Qué animal por la mañana**
se ve andar en cuatro pies,
en dos pies a mediodía,
y luego a la noche en tres?

Francisco Acuña de Figueroa (1791-1862), Poesía diversa.

1021. ¿Quién es aquel que contiene
la más perfecta figura,
fue prisión, y es hermosura
que varios colores tiene?
Encierra dentro de sí
al mismo que le sustenta,
y, aunque es preciso, aposenta
otro más precioso en sí.
Es señor de diez lugares,
y, aunque se mueve y escribe,
impares números vive,
porque nunca vive en pares.
Es varón, y hembra tan vana,
aunque pasto de la tierra,
que, si su dueño le encierra,
se sale por la ventana.

Francisco Acuña de Figueroa (1791-1862), Poesía diversa.

1022. Salteadora por instinto,
tan astuta como fea,
es de una industriosa casta
en la cual todas son hembras.
Oculta en pérfidas redes,
allí a su víctima enreda,
y saciándose en su sangre
su cuerpo pendiente deja.

Francisco Acuña de Figueroa (1791-1862), Poesía diversa.

1023. Si mi primer parte ves,
un nombre propio aparece
que igual en todo se ofrece
al derecho y al revés.
Mi segunda es vegetal
que se arrastra y cubre el prado,
alimento del ganado
y yerba medicinal.
Un enigma conocido
es mi total misterioso,

donde halla el hombre ingenioso
cosas de vario sentido.

Francisco Acuña de Figueroa (1791-1862), Poesía diversa.

1024. **Soy sultán que en mi serrallo**
no admito competidor;
empero mis favoritas
no gozan buena opinión.
Roja diadema me adorna,
el traje Dios me lo dio,
y aunque carezco de dientes
tengo fama de cantor.

Francisco Acuña de Figueroa (1791-1862), Poesía diversa.

1025. **Soy una entre otras hermanas,**
de tan varia condición
que siempre en prensa me miro
y nunca estoy con dolor.
En la inocencia y pecado,
existo a un tiempo, mas yo,
aunque me hallo en cielo y tierra,
ni mortal, ni santo soy.
Tengo en medio de la nieve
y del fuego mi mansión
y no falto al Ser Supremo
aunque siempre falto a Dios.
En quietud y en movimiento
me hallo, y es admiración
que nunca estoy con soldados
y estoy en un escuadrón.
En fin, esta quisicosa
está en tu cuerpo, ¡oh lector!
y la hallas en todo instante
aunque no en toda ocasión.
Más yo cien duros te ofrezco
y un gran poema en tu honor,
si consigues el prodigio
de hallarla en un año o dos.

Francisco Acuña de Figueroa (1791-1862), Poesía diversa.

1026. **Soy una pieza, en verdad,
de cilíndrica figura,
que aunque entera y sin costura,
siempre me llaman mitad.
Sirvo al hombre en baja esfera,
casi en el suelo arrastrada,
y sólo vieja y cansada
suelo soltar la carrera.**

Francisco Acuña de Figueroa (1791-1862), Poesía diversa.

1027. **Tres sílabas sólo tiene
este noble vegetal:
con la primera y tercera
todos juegan al billar.
La armadura de un guerrero
la última y primera dan;
siendo segunda y tercera
mitológica deidad.
Primera y segunda es hueso
coyuntura de animal,
y la segunda y primera
es traje holgado y talar.
Nace el todo en ciertas tierras,
mas por todo el mundo va;
y en ceniza o polvo acaba
con aprecio universal.**

Francisco Acuña de Figueroa (1791-1862), Poesía diversa.

1028. **En cuatro letras verás
cuatro cosas diferentes,
si con ojo perspicaz
al derecho y al revés
las meditas y las lees.
La armadura de un guerrero,
un adorno femenil,
un instrumento de juego,**

y un pájaro bien gentil
de los que en Francia hallas mil.

Anónimo, en Nueva colección de Emblemas, enigmas, charadas y epigramas escritas en varias clases de verso para el uso de los aficionados (1835).

Siglo XX

1029. **En la redonda**
encrucijada,
seis doncellas
bailan.
Tres de carne
y tres de plata.
Los sueños de ayer las buscan,
pero las tiene abrazadas
un Polifemo de oro.

Federico García Lorca (1898-1936), Poema del cante jondo.

1030. **La rosada, por fin Virgen María.**
Arcángel tornasol, y de bonete
dentado de amaranto, anuncia el día,
en una pata alzado en un clarinete.
La pura nata de la galanía
es este Barba Roja a lo roquete,
que picando coral, y hollando, suma
«a batallas de amor, campos de pluma».

Miguel Hernández (1910-1942), Perito en lunas.

1031. **Sobre el patrón de vuestra risa media,**
reales alcancías de collares,
se recorta, velada, una tragedia
de aglomerados rojos, rojos zares.

Recomendable sangre, enciclopedia
del rubor, corazones, si mollares,
con un tic-tac en plenilunio, abiertos,
como revoluciones de los huertos.

Miguel Hernández (1910-1942), Perito en lunas.

1032. **Trojes de la blancura, puesta en veta**
por la palma de dátiles pastores,
al atesado peso par asueta:
¡qué plurales blancuras interiores,
para exteriorizarlas a hilo, aprieta!
Manantiales de luna, las mejores,
en curso por aquél que suma siento,
padre de barba y sobra en un momento.

Miguel Hernández (1910-1942), Perito en lunas.

Sine data y Anónimos

1033. **¿Cuál animal es señores**
que en naciendo luego llora
y si ha de ir luego a la hora
ha de ir con los cuatro pies
y creciendo va después
en los dos con gran virtud
y en llegando a senetud
lo veréis andar con tres?

Anónimo, Aquí se contienen treynta y seys preguntas o enigmas, con sus declaraciones muy sentidas y graciosas (s. d.).

1034. **¿Cuál es aquel que nos trata**
lo mejor de la persona,
es su condición ingrata
que a dos mil destruye y mata,

que a ninguno no perdona
no come y tiene dientes
y a muchos quita el comer;
decidme qué puede ser
pues que va entre las gentes?

Anónimo, Aquí se contienen treynta y seys preguntas o enigmas, con sus declaraciones muy sentidas y graciosas (s. d.).

1035. **¿Cuál es el ave conoscida**
que no es ave y vuelve en ave,
es en sus hechos suave
y por tiempo es abozrida,
es un ave tan querida
que en el mundo no la hay tal
ni vuela, ni hace mal
ni come cosa nascida?

Anónimo, Aquí se contienen treynta y seys preguntas o enigmas, con sus declaraciones muy sentidas y graciosas (s. d.).

1036. **¿Cuál es el que no pecó**
y sin culpa fue prendido
y en una prisión metido
hasta el día que murió,
habla casi como yo,
es discreto, aunque villano,
tiene nombre de cristiano
y nunca se bautizó?

Anónimo, Aquí se contienen treynta y seys preguntas o enigmas, con sus declaraciones muy sentidas y graciosas (s. d.).

1037. **¿Cuál es el sol que dos lunas**
van juntas siempre con él
y hacen los rayos de aquél
las vistas más importunas
de cuantos ciegan por él?

Anónimo, Aquí se contienen treynta y seys preguntas o enigmas, con sus declaraciones muy sentidas y graciosas (s. d.).

1038. **¿Cuál es la cosa en sí compasada**
que siendo pequeña en su cantidad
consume en sí cosas decir que en verdad
yo no podría? Y es cosa probada:
ella no tiene salida ni entrada
y cuando queremos allí nos entramos
y en entrando y saliendo, jamás no hallamos
abierta la puerta ni menos cerrada.

Anónimo, Aquí se contienen treynta y seys preguntas o enigmas, con sus declaraciones muy sentidas y graciosas (s. d.).

1039. **De verdes capas ceñida**
blanca columna se oculta,
mostrando de finas hebras
rubio penacho en la punta.
Mil perlas de oro incrustadas
en torno de ella relumbran,
que, ya en sazón, se cocinan
con brasas de la columna.

Anónimo, Aquí se contienen treynta y seys preguntas o enigmas, con sus declaraciones muy sentidas y graciosas (s. d.).

1040. **Mostradme caudillo y luz de discretos**
cuál es el padre según que se suena
que ha de los hijos cumplida docena
y ha cada uno dél, blancos y prietos,
los unos rientes, los otros llorosos,
son inmortales y defectuosos
y nunca reposan ni son inquietos.

Anónimo, Aquí se contienen treynta y seys preguntas o enigmas, con sus declaraciones muy sentidas y graciosas (s. d.).

1041. **Pues que sois asaz letrado**
decidme éste quién es
que ha redondos los pies
y el cuerpo enclavillado
lleva, y es llevado
a do manda tu señor.

Canta, y es cantador
mas canta desentonado.

Anónimo, Aquí se contienen treynta y seys preguntas o enigmas, con sus declaraciones muy sentidas y graciosas (s. d.).

1042. **¿Qué es la cosa que muriendo**
recibe menos fatiga
y con su vida viviendo
su cuerpo va deshaciendo
contra sí, siendo en caíga,
y muerta nunca peresce
y viva no vive un día
porque viviendo descrece
y siendo muerta guaresce
y cobra gran mejoría?

Anónimo, Aquí se contienen treynta y seys preguntas o enigmas, con sus declaraciones muy sentidas y graciosas (s. d.).

1043. **¿Quién es aquel caballero**
que en virtudes es tan grande,
esforzado y muy guerrero,
liberal más que Alexandre,
muy galán, hidalgo entero
parte todo cuanto tiene
entre damas y doncellas,
y el comer que le sostiene
lo demás parte con ellas
y de celos se mantiene?

Anónimo, Aquí se contienen treynta y seys preguntas o enigmas, con sus declaraciones muy sentidas y graciosas (s. d.).

1044. **¿Quién es aquel esforzado**
que solo puede vencer
mas después de acompañado,
aunque vaya bien armado,
no tiene tanto poder
y al tiempo de su nacer
sale cubierto de vello,

después verálo caer
más hermoso que con ello?

Anónimo, Aquí se contienen treynta y seys preguntas o enigmas, con sus declaraciones muy sentidas y graciosas (s. d.).

1045. **¿Quién se viste vestiduras**
bordadas de mil maneras
cada año sin costuras
que en mirar a sus figuras
os espanta muy de veras
y aquellas señales vienen
por engaño manifiesto
y aun dejo este protesto
para siempre porque penen?

Anónimo, Aquí se contienen treynta y seys preguntas o enigmas, con sus declaraciones muy sentidas y graciosas (s. d.).

1046. **Vestida nací, por más gentileza,**
aunque desnuda cuitada me ves.
Cortáronme gentes mi triste cabeza
y della mezquina, me hicieron los pies,
y voy por caminos, a largo y través,
tristes lágrimas contino llorando
y ellas callando, van siempre hablando,
decidme señores aquesta quién es.

Anónimo, Aquí se contienen treynta y seys preguntas o enigmas, con sus declaraciones muy sentidas y graciosas (s. d.).

1047. **Agente físico soy**
que todo ser me conoce;
corro con gran ligereza,
pues más que yo pocos corren;
sin mí jamás se vería,
la alegría en mí se pone;
calor también siempre llevo,
y mi vida es de tal porte;
que si agora yo muriera
muere tras mí todo el orbe;

pues mi importancia es tan suma
que lo que en natura notes,
hállase bajo mi auxilio.
¿Quién soy, pues, si no eres torpe?

Anónimo castellano.

1048. Amarga me llama el hombre
aunque soy dulce, y sabrosa;
tiene Dios mi mismo nombre
y soy (porque no te asombre)
a unos fea, a otros hermosa.

Anónimo castellano.

1049. Con lo primero nací
que en el espacio nació,
vencerme jamás me pueden
y a todo le venzo yo,
pues con nombrarme tan sólo
infundo grande temor,
me encuentro en los hospitales
blandiendo acero feroz
con que a todos acometo
en su postrera ocasión;
me encuentro en los precipicios,
en la espada, en el cañón,
me hallo, en fin, en todas partes,
y se diga terminó
aquello a que le tocase
mi gran brazo destructor.

Anónimo castellano.

1050. Conteste don Serafín
en copia, en verso o en ripio
qué cosa tiene principio
pero que no tiene fin.

Anónimo castellano.

1051. ¿Cuál es la cosa tan baza
y blanca en tu nación,
tiene manos de león
y cuerpo de calabaza,
anda, corre, vuela y caza
y hace vida en breña escura
y amuestra a la criatura
cómo vivir en su casa?

Anónimo castellano.

1052. Cuatro letras sólo
en nombrarme empleas,
y aunque tan chiquita
mi fuerza es inmensa
y es mi poder tanto,
que si no existiera
no lograra el hombre
su vida en la tierra.
El que no me tiene
con ansia me anhela,
y cuando le sobro
de fijo se queja.
Para todo valgo,
en todo me emplean
y vengo de lo alto
y en bajo me encuentras,
y por poseerme
los unos me encierran,
los otros a puntos
distantes me llevan,
y el que no me logra
se muere por fuerza.

Anónimo alcarreño.

1053. En forma de cruz me muestro primero;
el sol me da la vida y causa porque muero;
mis huesos y carne son martirizados
y mi sangre da vida y quita pecados.

Anónimo alcarreño.

1054. **En un punto en un instante**
el hombre me hizo nacer;
luego me llevó a vender
a casa del comerciante.
Soy del noble, del tunante,
del que me quiera comprar;
y si me quieren nombrar,
siempre les callo mi nombre.
Como no quiero renombre,
me llaman por la mitad.

Anónimo castellano-manchego.

1055. **En un sepulcro vi estar**
más de veinte cuerpos muertos
y tan grandes voces dar
que me paré a escuchar
si gritaban con conciertos,
y viles que voceaban
con sus voces tan polidas
que cierto me enamoraba
y eran las voces que daban
sin sentidos muy sentidas.

Anónimo castellano.

1056. **Hermosa red, bien tejida**
con nudos que no se ven,
sea por mal o por bien
dura ella toda la vida;
y es una cosa sabida
que en esta red fabricada
unos claman por entrada
y otros claman por salida.

Anónimo castellano.

1057. **Inconsciente y recelosa,**
entre las flores nacida,
de mil colores vestida,
soy bella, muy caprichosa,

mas mi hermosura con saña
me crea perseguidores.
Mi ser a nadie le daña.
Huyo de la oscuridad
y encuentro la luz tan bella
que voy a morir en ella.
¡Oh triste fatalidad!

Anónimo aragonés.

1058. Libre soy, libre nací,
ando siempre aprisionado,
soy bajo, soy elevado,
todos dependen de mí.
Soy grande, soy muy pequeño,
soy hablador y soy mudo,
soy dudoso y nunca dudo,
no soy maestro y enseño.
No como y muero al instante
si me falta el alimento.
Carezco de sentimiento
y es mi sentido importante.
A nadie en el mundo hiero,
y jamás dejo de herir;
sin alma llego a vivir,
y el alma tengo de acero.

Anónimo leonés.

1059. Nazco y vivo a la inclemencia
y en llegando a mi incremento
se me trata con violencia,
por los mismos que alimento
con mi sustancia y esencia.

Anónimo castellano.

1060. Pregunto: ¿cuál es aquella pelea
entre reyes y grandes señores
sin que ninguno con otro se vea,
unos son vencidos y otros vencedores?

Todos en la misma posada vivían,
mas nunca se vieron ni se conocieron,
ni se injuriaron, ni se malquisieron;
mas, puestos en campo, gran guerra se hacían.

Anónimo castellano.

1061. Sentada estoy estirada
y parada estoy encogida,
entro a las llamas sin quemarme,
entro a las aguas y no estoy mojada,
cubro a cualquiera
para que no se viera
acompaño a cada cosa
y no estoy en ninguna cosa.

Anónimo castellano.

1062. Somos algunas hermanas
casi de la misma edad,
de tres clases diferentes
pero de costumbre igual;
por casa al nacer tuvimos
un palacio de verdad,
pero estrechísima cárcel
fuérala mejor llamar;
no es menester que nos cierren,
gritando están, y es verdad,
no huimos aunque nos abran
las puertas de par en par.

Anónimo burgalés.

1063. Soy de virtudes fomento,
útil al cuerpo y al alma,
soy del gusto condimento,
soy salsa del alimento
y quito a Venus la palma.

Anónimo castellano.

1064. **Vino cierto anciano un día**
y ufano con su valía
me aseguró que en su nombre
un gran misterio hallaría.
En confusión usted me ha puesto,
diga, anciano, la verdad;
diré que en el primer verso
la verás con claridad.

Anónimo castellano.

Otras formas adivinancísticas

Además de las adivinanzas propiamente dichas, sean cultas o populares, han de comentarse también otros tipos de juegos de ingenio que han tenido mucho predicamento en siglos pasados y, algunos de los cuales, siguen teniendo vigencia en nuestros días.

El primero al que cabe hacer referencia es el jeroglífico, que consiste en la asociación de letras, sonidos o palabras mediante la representación de dibujos o símbolos. Aunque su origen se remonta a la primitiva escritura egipcia, en nuestra época se mantiene vivo gracias a los imaginativos creadores de pasatiempos. Las charadas, de las que ya se ha hecho mención en páginas anteriores, son también juegos de asociación de palabras o letras que, combinadas adecuadamente, forman una palabra nueva y con significado independiente. En general, las charadas se dividen en dos o tres partes, las cuales no coinciden con las sílabas necesariamente. Estos fragmentos se denominan «primera», o «prima», «segunda» y «tercera», siguiendo el orden de la construcción del vocablo. El conjunto se denomina «todo». Por ejemplo, una charada famosa sugería que la «primera» era una habitación; la «segunda» una señora sin mano; y el «todo», una ciudad castellana. La solución, evidentemente, era «Sala-manca». La tercera forma adivinancística son los motes y emblemas. Son formaciones cultas. Los motes son sentencias breves que incluyen un secreto o un misterio que necesita explicación. También se llaman «empresas», y las llevaban los antiguos caballeros andantes en las justas y torneos. Las damas y caballeros de los siglos XVI y XVII se entretenían en glosar y explicar los motes con los que encabezaban algunos poemas. Algunos estudiosos de heráldica recopilan los motes que se incluían en los escudos de armas. Las palabras que aparecen en el escudo de la Real Academia Española (*Limpia, fija y da esplendor*), no son otra cosa que un mote. El emblema es, asimismo, una suerte de jeroglífico o símbolo, en el que se representa una figura y junto a ella un verso o un lema que declara el concepto o moralidad que encierra. Finalmente, cabe hacer referencia a las preguntas, parecidos y disparates, conocidos por este elocuente nombre porque no son más que chispas de ingenio con los que se pretende burlar al adivinador o contar un chiste con participación de algún ingenuo. No se debe tener la tentación de pensar que estos juegos de ingenio son modernos y propios de nuestro tiempo. En este capítulo se presentan algunos ejemplos que datan del siglo XVII y XVIII. Algunos son creaciones populares anónimas, como aquella que preguntaba qué hacen las mujeres bonitas cuando apagan la luz. Respuesta: quedarse a oscuras. Otras, en cambio, están elaboradas a partir del ingenio de escritores o poetas: Cierto señor viudo solía decir que por guardar respeto a su mujer, fallecida unos meses antes, sólo comía almejas de luto, es decir, mejillones. Esta comparación está extraída de las *greguerías* de don Ramón Gómez de la Serna.

A continuación se presenta una colección de charadas, preguntas, enigmas, comparaciones y emblemas, antiguos y modernos. Algunos de ellos, por su forma versificada y su concepto lúdico se pueden equiparar a las clásicas adivinanzas, y no difieren de éstas sino en su elaboración técnica y en el nombre que se les ha otorgado a lo largo de la Historia.

Charadas

En 1846 se publicó en Barcelona un libro titulado *Mil charadas castellanas.* Su autor es don Antonio Puix y Lucà. En el título se declaraba que era un «libro oportuno para recreo de las tertulias en las largas noches de invierno». También se proponía su utilidad en toda «casa de familia», para instruir, divertir y entretener a los jóvenes (de ambos sexos) y para ejercitar sus conocimientos y su inteligencia. En la Biblioteca Nacional de Madrid se conserva al menos un ejemplar: un lector se había ocupado de fabricarse un cuadernillo en el que iba apuntando las soluciones. Este cuadernillo permanece unido al libro y aún puede consultarse, aunque está muy deteriorado. El texto también incluye un listado de anagramas, esto es: las soluciones, pero con las letras dispuestas arbitrariamente.

1065. **Hasta ahora nadie fue**
a Malta sin mi primera.
Mi segunda es de madera,
también de piedra se ve,
y aloja a un hombre de pie.
Mas si quieres confundirme
resolviendo la charada,
isla busca muy nombrada
inmediata a costa firme.
Búscala piedra apreciada,
y para más aburrirme:
moza y santa declarada.

1066. **Antes que de Argonautas nadie hablara,**
navegó en grueso buque mi primera,
sin brújula, ni velas, ni bandera,
ni jarcia, ni timón, que es cosa rara.
Mi segunda, vocal pronuncio clara.
Mi tercera, es de leche primorosa;
comida, con azúcar, deliciosa.
Paseo es mi total, mas prolongado,
divertido, curioso, acompañado,
por gira o romería religiosa.

1067. **Mi primera, tal es ella**
que de noche en la quietud,
de primera magnitud
brillará fulgente estrella.
Cuadrúpedo también es
en sala, campo y otero.
Fragmento en segunda ves
de algún rajado madero.

De mimbres cesta ovalada
con asa y bien laboreada
lleva la moza mi entero.

1068. Consonante mi primera
a tu oído sonará.
Mi segunda, útil dará
de esparto, palma o estera.
Edificio es mi total,
antiguo, desaliñado,
grande y mal acomodado
con muchísimo local.

1069. Gibraltar sin mi primera
de los ingleses no fuera;
ni vieran mejicanos
los galeones castellanos.
Hombre, en segunda hallo yo
de pueblo que floreció
como marino en Oriente.
De africano continente
a una isla trasladado
fue de Alejandro tomado
por un itsmo artificial
y de cuna comercial
del pueblo cartaginés;
hoy, ni sombra de ello ves.
Muerte es mi todo y pasión
por la santa religión.

1070. De alimaña africana
plural es mi primera.
Río en segunda mana.
Vocal tengo en tercera,
y en cuarta otra vocal.
Edificio es mi todo
donde viven de un modo
penitente y claustral.

1071. Ave acuátil, casera,
es mi primera.
David, en mi segunda
alcázar funda.
Mi total, quien lo quita
robo evita.
Su retrato es con calva, y por el pelo
debe cogerse al vuelo.

1072. Mi primera por indicio
consonante al oírla creo.
Mi segunda es ejercicio
de utilidad y recreo
en el río y en la mar.
Mi total podrás cazar
en cotos regularmente
y lleva ornada la frente.

1073. Ir a México no entiendo
sin mi primera pasar.
La joven te ha de gustar
como mi segunda siendo.
No lejos de Gibraltar,
en costa de Andalucía,
por ciudad de nombradía
mi todo debes buscar.

1074. Mi primera es tan precisa
que no estando en el altar
no se atreve a celebrar
el sacerdote la misa.
Ves mi segunda, en unión
de consonantes hermanas.
Y de tribus mahometanas
mi todo los hombres son.

1075. Mi primera es de lienzo, y talar,
destinada al servicio de altar.
Mi segunda, y también mi tercera,

consonantes las oye cualquiera.
El total, una villa presenta
que de Murcia en el reino se cuenta.

1076. Consonante extranjera
pronuncia mi primera.
Mi segunda, adjetivo
manifiesta, expresivo
de lo lindo y pulido, tanto ideal,
como físicamente natural.
Mi todo, no te asombre,
lo tiene mujer y hombre,
el alto y el chico,
el pobre y el rico,
plebeyo y señor,
de vario color.

1077. Al buey y novillo,
la vaca y ternera,
en fracción primera
con tres letras pillo;
y a la oveja y carnero,
según pensar mío,
y al cerdo y cabrío,
y al ciervo ligero.
Mi segunda, opino,
que en fardo me den,
y en juego también
de bote y de tiro.
Cuando doy mi todo,
si no me sostengo,
presto al suelo me vengo
de uno u otro modo.

1078. En primera, habitación
de recibo he de poner.
Mi segunda, imperfección
es en cuerpo de mujer.
Mi todo, ciudad de León
de gran consideración.

1079. Mi primera muy lucida
verás en astro fulgente.
Mi segunda, eternamente,
en el curso de la vida.
Mi todo, siempre lo admiro,
de la sociedad lejano,
ausente del trato humano
y en silencioso retiro.

1080. Guarda, sigue, acosa y muerde
mi primera.
Mi segunda gana o pierde
y es tablera.
Es mi todo secretario,
guarda armario,
almacén, maleta o caja,
cuando encaja.

1081. Prisa da mi primera a los navíos.
El ángel, pez y pájaro la tiene
para huir o alcanzar siempre conviene.
Mi segunda, comida la hago diaria.
Mi total viene a ser depositaria.
Ahora, adivinad, señores míos.

1082. Mi primera se pronuncia
cual si fuese consonante.
Mi segunda, un gran tunante,
vil y miserable anuncia.
Mi todo, en destino vario
es útil de carpintero,
mueble de aseo y esmero
y en iglesia, monetario.

1083. Según suena mi primera,
consonante ser pudiera.
Mi segunda, primorosa,
denomina flor hermosa.
Es mi todo una dolencia

que perder la mente indica
y que las ideas multiplica
sin orden ni consecuencia.

1084. Mi primera es un líquido, señores.
Mi segunda, un guarismo, como hay viñas.
Mi total, como caiga en las campiñas
hace a veces temblar a los labradores
pudiendo en breve tiempo ver fallidas
todas sus esperanzas concebidas.

1085. En casas de labor en que hacen vino
mi primera tendrán. Verás dolencia,
en segunda, tal vez de trascendencia,
o quizás, que provino
de simple constipado únicamente.
Mi todo consiguiente
quiero que me lo busques, animal,
de la especie reptil, pero en plural.

1086. Sustancia sólida, seca,
ácida, blanca y sabrosa,
transparente, espiritosa,
y que de punzante peca,
en mi primera hallarás.
Mi segunda, llama el niño,
a la carne sin aliño,
y tú en plural la usarás
cuando al endeble motejes.
Mi todo es tripa rellena
de carne de cerda, buena,
fresca y picada. No dejes
de comerla a la sartén
pero te debo notar
que en manos del militar
larga fajina es también.

1087. En segunda y en primera
dos signos músicos tengo.

La negativa sostengo
si pronuncio mi tercera.
De que resulta en total
un juego de sobremesa,
o traje puesto de priesa
en disfraz de Carnaval.

1088. Un astro, mi primera es luminoso.
Un cubo, mi segunda, es pequeñito,
de seis caras, con mucho lunarcito
y de hueso o marfil, siempre azaroso.
Mi todo es el varón que pertrechado,
y del erario a expensas mantenido,
a matar y a morir va decidido
donde y cuando el gobierno lo ha de buen grado.

1089. Cultiva el hortelano mi primera.
Conjunción en segunda se intercala;
del reino vegetal la pompa y gala,
ufana patentiza mi tercera.
De largas verdes hojas adornada,
blanca, erguida, tirando algo a pajiza,
la reina viene a ser de la hortaliza
la que forma el total de esta charada.

1090. Mi primera está en la costa;
da en la costa mi segunda.
Mi todo en el mar abunda,
y con él, se pesca en posta.
Mas antes la has de pescar
y su cuerpo destrozar.

1091. Suena cual consonante mi primera.
Mi segunda es de rito religioso.
Y prenda es mi total, de uso forzoso
de pontífice, rey, y hasta en cualquiera
de todo sexo, condición o esfera,
con la sola excepción, según opino,
de algún anacoreta o capuchino.

1092. Mi primera, es un hijo de Noé.
Mi segunda, la suelen vestir
menestrales y gente de a pie.
Desde lejos mi todo has de oír
y en la iglesia colgado se ve.

1093. Blanca, limpia y bien mullida,
mi primera, a mí me agrada
y del suelo levantada.
Es mi segunda, temida,
hermosa fiera africana.
Mi total es un reptil,
retrato de gente vil,
lisonjera y cortesana,
que cede su razón,
por infame adulación
y revistiendo su idea
del color que otro desea.

1094. Redonda es mi primera,
es de almíbar, manteca, huevo y pasta.
Mi segunda, aunque príncipe naciera,
mira atento y escucha, voz no gasta.
Mi total, en cualquiera
es defecto sensible,
rara su curación, si no imposible.

1095. En primera buscad un espino.
Africana mujer en segunda,
y también cierta fruta que abunda
en un árbol más bajo que el pino.
Mi total es arbusto enredoso,
también pincha y da fruto sabroso.

1096. Si de Cádiz te vas a La Habana
por delante tendrás mi primera.
En segunda, vocal considera.
Mi tercera cual tez de gitana,
en mujer me hace gracia especial,

por color que en el rostro se muestra;
y un pez largo y pintado demuestra
cuya facha a culebra es igual.
En festín o familia alboroto,
zambra, y riñas y gritos, y ruido
en que todos y nadie es oído,
de mi entero las señas te noto.

1097. Suele mi primera usar
el andaluz al jalear.
Es mi segunda, mujer
en el África nacida;
también fruta conocida
en la misma puedes ver.
Mi todo, en plaza de guerra,
Castilla la Vieja encierra.

1098. Príncipe de la iglesia es mi primera.
Y la flor, mi segunda,
de la leche, que crasa y placentera,
en hatos de ganado siempre abunda
después que pasó ya la paridera.
Pero mi todo entero
es un simple y solemne majadero.

1099. En la costa que el bravo mar circunda
buscaréis un asilo, lo primero;
simples son, e insensatos mi segunda.
Muy menudo es mi todo, y cuando abunda,
remoja sin sentido al majadero.

1100. Del plebeyo y caballero
mi primera está en la vista;
la segunda suena lista
en boca del carruajero.
No es mi todo un ciento-pies
pero más de cuatro tiene,
ahora mismo tú lo ves,
que a tener tantos se aviene

como plazca a mi interés.
Y, en sustancia, es un renglón
con su cuenta y su razón.

1101. Sale el caballero en plaza
ya de mi primera armado.
La segunda, es de resfriado
si no tiene seca traza.
Tengo en tercera final,
botánica vegetal.
Mi todo, con pringue frito
da un chocolate exquisito.

1102. De cal y canto, o madera,
en ciudad o despoblado,
en edificio acabado
encontrarás mi primera.
En mi segunda, te cuento
bajo capa de verdad
lo mismo que, en realidad,
es contrario a lo que siento.
Pero no te precipites
para buscar mi total
que en toda lo hallas puntual
entre refresco y convites.

1103. De gentil mi primera,
deidad fue venerada;
y hoy también, consagrada
por Dios, se la venera.
Da mi segunda nombre
a miembro comporal;
y prenda es mi total
del traje que usa el hombre.

1104. Existir es mi primera;
venga, en segunda, vocal.
Sustancia de un animal
exquisita, es mi tercera.

Clara el todo manifiesta
nocturna música, fiesta
en plaza, calle o jardín,
con orquesta y canto... En fin,
hasta con luces dispuesta.

1105. Mi primera es tanto
como decir santo.
De avellana y miel
masa es mi segunda
que en Pascuas abunda,
y hace gran papel.
Mi todo es aquel
que el beato va haciendo,
altares corriendo
con gestos y acciones;
y en sus vocaciones
tal vez va mintiendo.

1106. De Canarias a puntales
mi primera has de pasar;
con mi segunda has de dar
buscándola entre vocales.
Para encontrar mi tercera
contempla la corte entera.
Y para fin del litigio
juzga en mi todo, un prodigio.

1107. Una facultad es mi primera
y es adverbio también, pero dañino;
para acortar a veces el camino
mi segunda en los ríos se quisiera.
Un pícaro bribón mi todo llena
que no promete acción ni cosa buena.

1108. En el mar de abrigo
sirve mi primera.
Mi segunda, digo,
que una ciudad fuera,

y es aún hoy en día
de la Andalucía.
Disgusta mi todo
(figuradamente)
al que es pretendiente,
y de vario modo
chica, corta, larga,
gordona, retuerta,
si en fruta se encarga
lo verás en huerta.

1109. En naipe principal
propongo mi primera.
Mi segunda... ¡friolera!
pecado es capital.
El todo, calidad
de la ordinaria tela
que al tacto desconsuela
por su rusticidad;
y mal genio también
puede llamarse en trato
que seco, adusto, ingrato,
jamás se presta bien.

1110. Mi amigo: consonante es la primera
que confunden los niños en la escuela
y más: algún erudito, aunque le duela,
no la distingue de su compañera.
La segunda te la digo sin rebozo:
se dice de la gente despaciosa.
Y mira si va lenta la cosa
que sólo tres letras caen al pozo.
El todo fue un lugar tan señalado
que allí fue nacimiento sin igual,
y aunque hicieron alta torre en Portugal,
será el de Oriente siempre más honrado.

1111. He de darte cuarteto por primera
con la voz corta y seca de un arriero,

cuando al frenar la acémila en sendero
ésta para, tal cual si lo entendiera.

La segunda es lo limpio, lo certero;
cosa clara, muy cierta, verdadera,
con medida, franca, legal, señera,
y otras prendas que por decir no quiero.

El todo fue de Lope la bandera
y de Quevedo firme asentadero
y la Musa más rica y hacedera.

Yo, por esta charada ya no espero
gozar en el Parnaso primavera
ni que me abra la puerta su portero.

Preguntas y Enigmas

En el siglo XVI vio la luz una recopilación titulada *Cancionero* llamada *Flor de enamorados,* en la que se recopilaban algunas «preguntas muy graciosas y sentidas». La recopilación ofrece adivinanzas nuevas, pero también toma muestras de otros autores contemporáneos y de enigmas que andaban de boca en boca en la corte y en los palacios. A continuación se ofrece una breve muestra de las composiciones que componían este libro.

1112. **Yo padre os pregunto, ¿cuál es el molino**
que muele sin muelas, sin gota de agua
o si quisiéredes llamémosla fragua
que no tiene fuego y arde contino?

1113. **¿Cuál es el ave de tanto valor**
que muchos tesoros estiman en menos
y habla con lenguas y picos ajenos
loando los hechos del que es su señor?

1114. Yo vi un gran señor nacido de tierra
que en tierra se trata y tierra se torna
y a muchos levanta y a otros trastorna
y a unos da paz y a otros da guerra.

1115. Pregunto: ¿cuál es aquella pelea
que es entre reyes y grandes señores
y sin que ninguno con otro se vea
son unos vencidos y otros vencedores?

1116. ¿Quién es un viejo ligero
que con tres pies anda y corre
aunque no tiene más de uno;
el primero va postrero,
del segundo se socorre,
del tercero no ninguno?

1117. ¿Quién es aquel que a la mujer toca
y si no le mudan nunca se muda
y haciendo su oficio de carne muy cruda
tiene y de sangre llena la boca?

1118. ¿Cuál es el árbol de dos, o tres ramos
sin hojas ni flores, mas lleva tal fruto
que a veces nos vale por salvo conducto
si estamos en villa o si caminamos?

1119. ¿Cuál es el ave de tanto volar
que vuela de un punto más alto que el cielo
a la tierra y abismos traspasa en un vuelo?

1120. ¿Cuál es aquel tejado sin tejas
que cubre la casa por enderredor
y es guarda del frío, también del calor,
mas le acostumbran las casas muy viejas?

1121. Bien conocemos haber criatura
que pare y concibe sin ser ofendida,
ni siente dolores ni pierde la vida
y hace sus hijos de nuestra figura.

1122. **¿Quién es aquella hija de bruto,
sin alma, sin vida, sin seso y pasiones,
que escribía secretos de los corazones
y nos los publica vestida de luto?**

1123. **De París, quitando el par,
y del nombre del tercer hombre,
es el mismo propio nombre
de la que me hace penar.**

1124. **Cuando el tiempo se nos toca
veréis si queréis mirar
a un animal cantar
sin tener dientes ni boca.**

1125. **De pesar vide a uno estar
bien lleno y cargado cierto
y en faltándolo el pesar
en uno punto queda muerto.**

1126. **¿Qué es la cosa en esta vida
de todos generalmente
muy encubierta y escondida
y en parte ajena metida,
más querida de la gente?
Por ella será salvado
todo el mundo y condenado,
y mira que respondéis
que habiendo esto acertado
dos veces me la diréis.**

1127. **Una ensalada vi uno que hacía
y a solos los tristes, por darles placer,
los convidaba a comer y beber
de los manjares que él aborrecía.**

A finales del siglo XVI se publicaba en París un libro titulado *Quarenta aenigmas en lengua española.* Aunque la idea del autor (Alexandre Sylvano o Alexandre Van Den Bussche) era hacer dos libros distintos (uno con cincuenta adivinanzas en francés y otro con cuarenta en español), el editor consideró que podía incluir ambas colecciones en un solo volumen, y así vio la luz. Los enigmas tienen una característica especial: son adivinanzas enlazadas, de modo que la semejanza o comparación inicial con un objeto se extiende a otros objetos y otras cualidades, formando casi una alegoría. Por ejemplo: uno de los enigmas más simples de Sylvano dice así:

1128. **Del ave volando**
y más voceando,
la fuerza quitada
y después cortada.
Hace el bien y mal,
el falso y leal
se prevale de ella
y pega tal pella
que no hay igual.

La solución es *El ganso.* El autor declara que el ganso «vocea» mucho; tiene alas y plumas, que le dan la fuerza. Cuando se arrancan las plumas para convertirlas en utensilio de escritorio, se puede hacer mucho mal o bien con ellas, y fraudes o «pellas». A continuación se presenta una selección de los enigmas de este autor y de otros coetáneos suyos, incluidos en el mismo libro.

1129. **Hermanos, hay dos docenas,**
feas no, aunque morenas,
que hacen en pocos movimientos
mil amantes muy contentos.
Más que blanca es su madre.
Muy blanco es también su padre.
Pero no puede engendrar
si no se quiere bajar.
Sólo la mujer es la que hace
después lo que le place.
Poco a poco estas doncellas
sufren cuando se goza de ellas.
Pero no juntas se dan,
antes apartadas van,
dos a dos, y tres a tres,
seis, y siete alguna vez.

También hacen golpear
al que no las quiere amar.
Sin trabajo no se alcanza
gozo de ellas ni holganza.
A la vez mil trabajos
vienen de ellas con enojos,
sin que ellas sean culpadas
sino las gentes malvadas
que las emplean en mal.
También ellas por igual
cuentan nuevas maravillosas,
verdaderas y dudosas,
porque van por todo el mundo
y por mar sin ver el fondo,
sin mudar de cualidad.
Dicen mentiras y verdad,
que no hay vergüenza en ellas,
pues ¿quiénes son estas doncellas?

1130. Sin una cosa al mundo soy venido,
la cual después por otros me fue dada,
queda conmigo y la tengo guardada
aunque de ella quedo menos servido,
que otros son, que el menos atrevido
se sirve de ella y así de él es llevada,
por donde quiere, y más de una jornada
con otros va, aunque estoy detenido.
En otra parte, y todavía conmigo,
queda también, aunque parezca ausente,
y cuando quiero, a servirme es presta.
Lo mismo hace a mi gran enemigo
como a cualquier, lejos, como presente,
dígame, pues, algún: ¿qué cosa es ésta?

1131. Viviendo doy a muchos de comer,
muerto que estoy, me dan mucho a beber;
llevando gente en parte muy extraña,
a quien bien hago, aquel mismo me daña;
vuelo muy presto y muchas alas tengo;

por recibir y por darme, detengo,
torno después como antes a volar,
ave no soy ni la puedo igualar;
de los que llevo, unos tienen pesar,
otros por mí se sienten bien gozar;
mi volar es doblado y sencillo,
el que sabrá quién soy, puede decillo.

1132. Soy aborrecida de los que me tienen;
los que no me tienen, de gana a mí vienen,
siendo yo de algunos muy bien acatada,
de los otros más soy menos preciada.
Aunque estoy llena de experiencia,
y que por ella así tengo gran ciencia,
y que de Dios soy galardón al hombre
podrá el que sabe bien decir mi nombre.

1133. ¿Quién es aquel que no anda vestido
y todavía en mucho es tenido
de toda la gente y es tan estimado
que aun del rey es querido y amado?
Dama no hay, ni hermosa ni fea,
vieja, ni moza, o por grande que sea,
que no le muestre —aun las castas perfectas—
alguna vez sus partes más secretas.
Si dan a esto un vestido o lo tome
para quedar desnudo, se lo come
y no querer su vestido guardar,
es causa, en fin, que se siente acabar.

1134. ¿Cuál será aquella hermosa mujer
que nunca en tierra vivió ni es persona?
Ella no es reina y tiene corona,
es inhumana, amorosa y cruel,
canta suave, mas triste de aquel
que oye este canto tan temeroso.
A ésta la temen el gato y el oso,
leones y perros, los hombres también.

1135. En una cárcel me echaron
mis amigos más que hermanos,
y ellos con sus propias manos
de la prisión me sacaron.
Y por confirmar la paz
me encierran en sus entrañas.
Yo, sin tener pies ni manos
me vengo por ser sagaz.

1136. Pasa por medio de un florido prado
una dama soberbia, cruel y hermosa.
Es muda y es ciega, valiente y medrosa,
y aquel que la mira se queda espantado.
Viste un vestido sin seda labrado
y jamás se cosía ni tuvo costura,
pues paga la culpa que dio al no engendrado.

1137. Nombre tengo de mujer
y un hermano anda conmigo:
es tan mortal enemigo
que jamás estoy con él.
Éste no puede cenar,
ni tampoco yo comer,
ni juntos nos podrán ver
aunque nos ven pelear.

1138. Un padre amoroso querido en el mundo
nació de su madre y un año vivió.
Después de enterrado en lo más profundo
debajo de la tierra un hijo engendró.
La madre holgando de un caso tamaño
crió juntamente otros muchos hijos,
molidos a coces en yermos cortijos,
les hacen morir y vivir otro año.

1139. De tierra y agua formado
y también de fuego y viento;
no le falta elemento
de cuantos Adán fue criado.

Tiene boca y no come,
y si bebe no le empece,
no es ave ni es pece,
ni es animal que come.

1140. Decidme si sabéis por aventura
cuál es aquel varón tan desdichado
que en nombre de mujer lo han transformado
perdiendo el primer ser y su figura,
y no contentos de esta desventura
le dan otro martirio con el fuego,
mudándole aquel nombre en otro, luego
dispone de él al punto la criatura.

1141. ¿Quién es aquel perverso villano
que vive en la tierra, al revés de la gente,
vestido de verde y el cabello cano,
vive en Levante, también en Poniente,
es perezoso, también diligente,
no tiene amistad con hombres de plaza,
si no es de bordón y de calabaza,
y luego le escupe si alguno lo siente?

1142. Decidme señoras: ¿cómo puede ser
que engendra una madre a su hija, sin padre,
y engendra la hija también a su madre,
perdiendo la vida que tuvo al nacer?

1143. Soy más negra que el pez,
soy más blanca que la nieve,
soy más limpia que la nuez
de la rosa cuando llueve.
Pido lo que he menester,
hablo y no sé lo que digo,
trátame bien mi enemigo
para que cante y dé placer.

1144. Pregunto: ¿quién es aquel caballero,
rey esforzado que siempre venció,
es entre damas soldado guerrero,

segundo en su casa jamás consintió;
de música, y celos, de amor se mantiene,
de cuerpo es gentil, también generoso,
vence a la onza, al tigre, y al oso,
también el león gran miedo le tiene?

En 1618 vio la luz otra obra de enigmas, con sus correspondientes explicaciónes. Se trataba de los *Proverbios morales y consejos cristianos,* de Cristóbal Pérez de Herrera, del que ya se han transcrito algunas adivinanzas en el repertorio culto. Es una colección de 313 enigmas propios y ajenos. Algunos de ellos han sido insertados después en otras colecciones famosas, como la de Fernán Caballero (*Cuentos, oraciones, adivinanzas y refranes populares e infantiles,* 1877). La crítica especializada valora en la obra de Pérez de Herrera sus comentarios, pintorescos y rayando en lo costumbrista. Cuando el autor se ve forzado a hacer una explicación del enigma de la cebolla, dice: «Nace y críase la cebolla debajo de la tierra, como se ve; y para venderse juntas, las tejen los hortelanos por las hojas, poniéndolas en la forma que el vulgo llama *horcas,* y por eso dice que viene a parar en ella. Está compuesta de cascos que la próbida naturaleza crió con tal orden, que con razón dice que imita al cielo en estar unos superiores a otros. [Alude a los siete cielos, o a las esferas, tal y como se imaginaba el universo en la época.] Hace llorar algunas veces a quien la come con demasía, y por eso dice que sin tener ocasión para llorar causa lágrimas al más fuerte». He aquí el enigma de la cebolla:

1145. **En horca, para mi suerte,**
nazco debajo del suelo,
mi fábrica imita al cielo.
Lágrimas causo al más fuerte,
no teniendo desconsuelo.

A continuación, siguen otros enigmas, también de la colección de Pérez de Herrera.

1146. **¿Cuál es una bestia fiera**
criada en un elemento
que da gusto su excremento,
pues que por cierta manera
favorece nuestro aliento?

1147. Estoy de discreción rica,
ningún necio me entendió,
y si el ingenio se aplica
gustará quien me leyó.
Mi principio significa
a cualquiera, quién soy yo.

1148. ¿Quién es un viejo ligero
que es de cuatro movimientos
puestos en doce cimientos
que a cualquiera pasajero
da más penas que contentos?

1149. No soy ave, cosa es llana,
aunque estoy en alto suelo,
porque ni corro ni vuelo;
soy simple serrana,
hija de un hijo del suelo.

1150. Un juego de caballeros
doy con mi nombre a entender,
que muestran valor y aceros;
de metales es mi ser,
doy honra y valgo dineros.

1151. ¿Quién te causa ser viviente,
siendo origen de tu ser,
y te da brío y poder,
hacerte flaco o valiente,
estar triste o con placer?

1152. No mantengo al cuerpo humano,
ni tengo sabor ni olor,
y en tiempo que hace calor,
si me arriman bien la mano
soy agradable licor.

1153. ¿Quién es una hembra triste,
muy secreta y reposada,
de cuerpo y alma privada,

que de negro traje viste
y de malos es amada?

1154. **Cosas muy pesadas llamo,**
soy piedra y no lo parezco,
mil alabanzas merezco,
que aunque a los ajos desamo
a las hembras favorezco.

La solución a esta adivinanza resulta casi imposible en la actualidad, con los datos que ofrece el autor. La respuesta es *el imán.* La explicación tiene su fundamento en creencias e ideas muy comunes en el siglo XVII; así lo explica Pérez de Herrera: «Muy sabida cosa es atraer la piedra imán a sí el hierro y acero, y en su aspecto no parece piedra. Dicen los naturales [¿naturalistas?], que con el zumo del ajo, pierde su fuerza y virtud natural. Y así, se cuenta que está el zancarrón del pérfido Mahoma en la casa de la Meca, en un arca de acero, que siendo las paredes del aposento de piedra imán muy fina, la sustentan igualmente en el aire, y que un cristiano cautivo, sabiendo este secreto, las roció con zumo de ajos y dio con arca y zancarrón en el suelo. Es muy útil la piedra imán para el mal de madre que padecen las mujeres.»

1155. **¿Quién es aquella que espera**
y en nuestra sangre volverse,
y pueda reconocerse,
en que es verde por defuera
y también suele venderse?

1156. **Fui hierba, perdí mi ser,**
porque serví de ordinario
y tuve suceso vario;
volviéronme a deshacer
y sirvo de secretario.

1157. **Mi nombre es de peregrino**
y tengo virtud notable:
jamás se supo que hable,
ni que anduviese camino
y mi olor es agradable.

1158. Que se alegra da a entender
el que pronuncia mi nombre;
suélenle dar de comer
mis hijos mudos al hombre,
y yo, doile de comer.

1159. ¿Cuál es una fortaleza
que está llena de soldado
y vestidos colorados,
con huesos y sin cabeza
de Real insignia adornados?

1160. ¿Cuál es la cosa que habla
y de sentido carece,
con fuego o agua perece;
su forma es pequeña tabla
y sin vergüenza parece?

1161. Que he llegado dicen todos,
y en andar me quedo corto,
mi virtud es de mil modos:
unos derribo en los lodos,
otros alegro y conforto.

1162. Con colorado vestido
vi juntos muchos hermanos,
sin cabezas, pies ni manos,
que a su dueño han afligido,
porque no los dejó sanos.

1163. Con cinco letras primeras
me dicen que casta soy,
y es cierto que engendro y doy
otras hijas venideras
adonde enterrada estoy.

1164. Custodia soy de tesoro,
de ropa, dinero y trigo,
a mi amo siempre sigo,
puedo ser de plata y oro,
y algunos se honran conmigo.

1165. ¿Qué espejo aquel puede ser
que, aunque le des mil porrazos,
no lo harás nunca pedazos,
imposible de prender
aunque le armes muchos lazos?

1166. ¿Cuál es la cosa peor
que en el mundo puede haber,
que esa misma es la mejor,
pues mala, da el perecer,
y buena, vida y honor?

1167. ¿Quién son dos doncellas bellas
que se mueven en naciendo,
y aunque ellas no se están viendo,
nos miran y juzgan ellas,
sentido a todos poniendo?

1168. De enana madre nacidas
somos, con agrio sabor,
refrescamos el calor,
mas después de bien crecidas
damos caliente licor.

1169. Soy fuerte, soy sorda y muda,
calor y frialdad defiendo,
sin ojos dicen que viendo
estoy, y es cosa sin duda
que a veces oigo y entiendo.

1170. Tengo esférica figura,
y a veces prolongada,
mi amargor la industria cura,
y cualquier persona honrada
me compra, busca y procura.

1171. De más de noventa y nueve
soy por mi nombre llamado,
mi morada es en labrado,
y el que de mi renta debe,
me entrega siendo terciado.

1172. **Soy de Francia natural,**
tengo oficio de alguacil,
es mi precio y cuerpo vil,
y lo pasarás muy mal
sin mí, con ser tan civil.

Como en otros casos, desentrañar este misterio resulta muy peliagudo si no se cuenta con los datos propios de la época. El autor, en su explicación del enigma 131, señala que estos objetos se fabricaban en Francia; que tenían en común con los alguaciles la facultad de prender; y finalmente, declara que, aunque su bulto y precio es nimio, es muy útil en las casas y en las sastrerías.

1173. **Muelo en un oscuro abismo**
sin ser piedra de ordinario,
y en casa de un mi contraro
otra de mi nombre mismo
ejerce oficio voltario.

1174. **¿Cuál es la ordinaria cosa**
que ninguna está sin ella?
Nadie puede jamás vella,
nunca anda ni reposa,
ni puedes tocar a ella.

1175. **Un escuadrón de soldados**
muy fuertes y vizcaínos,
vi hermanados y vecinos
estar con desconsolados,
afligidos y mezquinos.

1176. **Juntas vi presas estar**
dos hermanas vizcaínas,
que de agudas y ladinas
se acostumbran a maltratar
como suelen las vecinas.

1177. **¿Cuál es la varia cuadrilla,**
blanca y negra de pecheros,
de unos caballos sin silla,

reyes, damas, caballeros
sin reino, ciudad ni villa?

1178. **Agudos dientes me han hecho,**
y al más alto emperador
sirvo, y quito en su provecho
el ganado a mi señor,
muero quebrado y deshecho.

1179. **Yo quito y doy confianza,**
suelo hermoso parecer,
niño, viejo, feo y mujer;
y con ser tal mi mudanza
siempre me quedo en un ser.

1180. **Armas y letras enseño,**
tengo la edad de Mahoma,
doile en que beba a mi dueño,
oro también con que coma
y para arrimarse, un leño.

1181. **Aunque me llamas cansada,**
y te parezco prolija,
soy por mi persona honrada,
y de todos respetada,
por ser de prudentes hija.

1182. **Muelo sin ser molinero,**
soy cual un piñon mondado,
hago muy buen compañero;
ajo alguno me ha llamado,
mas ese nombre no quiero.

Emblemas

En 1640, en la ciudad de Munich, veía la luz un libro titulado *Idea de un príncipe político cristiano, representada en cien empresas.* El libro, que había sido proyectado por su autor (Diego Saavedra Fajardo, 1548-1648) como un *espejo de príncipes*, un manual político para el gobierno de las naciones, tuvo una formulación más extensa en principio, pero esta idea original quedó inacabada y el autor se vio obligado a reducir su plan a cien ejemplos educativos. En la actualidad, este libro se denomina comúnmente *empresas políticas.* Al parecer, el autor estaba decidido a contrarrestar la influencia de *El Príncipe,* de Maquiavelo, para forjar un gobernante que adecuara el sentido común (prudencia y discreción) y el cristianismo. Para ello decidió utilizar las *empresas.* Esta fórmula consistía en presentar un dibujo con una leyenda. Estas palabras condensan toda la explicación moral que se pretende enseñar. De modo que, en sí, guardan un enigma, pero la solución no se reduce a una palabra, sino a un modo de actuar o de ser y necesitan una explicación más amplia. La mayoría de las empresas de Saavedra Fajardo son latinas, la lengua común entre los eruditos de aquel tiempo; se han seleccionado para esta colección únicamente las escritas en castellano como los ejemplos más señalados entre las formas adivinancísticas de esta categoría.

1183. **Empresa V: Deleitando enseña.**

El dibujo representa un jardín pentagonal, con figuras geométricas en aparente laberinto.

Con este ejemplo, el autor señala la necesidad de una buena educación para el príncipe. Más interesante es su valoración de las letras y el esfuerzo que cuesta adquirir algún conocimiento: «Las letras tienen amargas las raíces, si bien son dulces sus frutos. Nuestra naturaleza las aborrece, y ningún trabajo siente más que el de sus primeros rudimentos. ¡Qué congojas, qué sudores cuestan a la juventud!»

1184. **Empresa XXXIII: Siempre el mismo.**

Representa el dibujo un león mirándose en un espejo roto. La imagen que el espejo muestra se dobla en dos leones.

«Lo que representa el espejo en todo su espacio, representa también después de quebrado en todas sus partes: así se ve el león en los dos pedazos del espejo de esta empresa, significando la fortaleza y generosa constancia que en todos tiempos ha de conservar el príncipe». Explica también el autor que, en los tiempos de penuria y amargura, el rey ha de mostrar valor y coraje, porque él es el espejo en que su pueblo se mira.

1185. **Empresa XXXVIII: Con halago i con rigor.**

El dibujo representa un caballo. Una mano, que empuña una fusta, lo acaricia.

Quiso el autor sugerir y explicar que los reyes deben tratar con piedad y clemencia a su pueblo, y hacerse amar de él. Por otro lado, esto no impide actuar con rigor, honor y severidad cuando el caso se presente.

1186. **Empresa LII: Más que en la tierra nocivo.**

El dibujo representa el firmamento, con numerosas estrellas y un escorpión en el centro.

La empresa y el dibujo sugieren la identidad del escorpión animal venenoso y el Scorpio, constelación estelar y signo del zodíaco. Un lector común supondría que el ensayista equipara a los escorpiones con las personas nacidas bajo el signo de Escorpión. Pero no es ese el talante de Saavedra Fajardo. Éste quiere indicar que los malvados y los miserables son muy peligrosos cuando son de poca talla, pero lo son aún más cuando están elevados en la sociedad (el escorpión en el cielo). Por eso dice: «En pudiendo la malicia llegar a merecer honores ¿quién seguirá el medio de la virtud?»

1187. **Empresa LVIII: Sin pérdida de su luz.**

El dibujo representa un candelero con una vela encendida. Dos brazos, con sendos cirios, los arriman a la llama encendida, para extender la luz.

Saavedra Fajardo sugiere que el honor de los príncipes se sustenta en el honor, (la vela principal), que es hija de la honestidad y la gloria (las dos velas accesorias). Porque el honor es la guardia de la virtud, el estímulo de la fama y la razón de ser amado y respetado por su pueblo. Con la empresa se indica que la honestidad es la luz o lo principal en un príncipe, y que necesita el apoyo de otras virtudes (gloria y honestidad). Éstas mantienen viva la llama del amor de su pueblo.

1188. **Empresa LXIV: Resolver i executar.**

El dibujo representa un carro de guerra antiguo, especialmente diseñado para moverse con agilidad en la batalla.

Saavedra recomienda tomarse el tiempo necesario para meditar concienzudamente las disposiciones que se han de tomar. «Pero el resolver y executar, tenga entre sí tal correspondencia, que parezca es un mismo movimiento el que los gobierna, sin que se interponga tardanza de la execución». De este modo, el autor recomienda obrar con prontitud una vez tomada la resolución.

1189. **Empresa LXV: De un error, muchos.**

El dibujo representa un lago o un estanque. Una piedra cae en el centro y las ondas se expanden sobre toda la superficie.

«Lo mismo sucede en el ánimo», dice Saavedra Fajardo. «Después de cometido un error, de él nacen otros muchos, ciego y confuso el juicio y levantadas las olas de la voluntad, con que no puede el entendimiento discernir la verdad de las imágenes de las cosas y, creyendo remediar un error, da en otro». Siguiendo el razonamiento de la época, el autor recomienda la prudencia ante todo, el cumplimiento de las obligaciones sociales y morales, y el alejamiento del vicio. Para el escritor, no es posible reparar un error cuando hay muchas personas interesadas en el asunto. De modo que un error lleva a otro, hasta el infinito.

1190. **Empresa LXVII: Poda, no corta.**

El dibujo representa un árbol erguido, con una hoz en una de sus ramas. Otros árboles muertos están, talados, a su pie.

Dice el autor: «La política de estos tiempos presupone la malicia y el engaño en todo, y se arma contra él de otros mayores, sin respeto a la religión, a la justicia y a la fe pública». Se enseña que sólo puede obtenerse provecho de las cosas que están vivas y que siguen produciendo; que esquilmar y agotar las fuentes de la abundancia de los pueblos es necedad y estulticia. Por querer aumentar su riqueza o por querer el placer inmediato, muchos príncipes se han visto reducidos a la miseria. Conviene, pues, cuidar y mantener vivo lo que, a su vez, nos procura bienestar y gozo.

1191. **Empresa LXXVI: Llegan de luz i salen de fuego.**
Representa un rayo de sol reflejado en un espejo: dirigido a un barco, éste se incendia.

«Envía el sol sus rayos de luz al espejo cóncavo, y salen de él rayos de fuego: cuerpo es de esta Empresa, significándose por ella que en la buena o mala intención de los ministros está la paz o la guerra». El autor representa al príncipe o al rey en el sol, y a los ministros, en el espejo. De modo que las órdenes del rey, beneficiosas como los rayos del sol, pueden convertirse en dañinas y perjudiciales, en manos de los malos ministros.

Parecidos, Colmos y Disparates

Una de las formas jocosas y lúdicas del entretenimiento ingenioso son los «parecidos», los «colmos» y los «disparates». Pudiera parecer que este tipo de juegos lingüísticos es moderno, pero, bien al contrario, es una de las fórmulas más antiguas de la ironía y la burla de las gentes. La poca trascendencia de estas adivinanzas hace que su permanencia en la cultura popular sea escasa; por esta razón, el ingenio anónimo crea otros nuevos a medida que los antiguos van perdiendo crédito o se olvidan. Se entresacan aquí algunos ejemplos que se publicaron en Madrid a mediados del siglo XIX, en un libro titulado *El libro de la risa* (1859), en el cual se desplegaba buena parte del ingenio popular y de los editores.

1192. **¿En qué se parecen las peras de don Guindo a los puentes del río?**

1193. **¿En que se parecen las montañas y las mujeres?**

1194. **¿Qué fue lo último que hizo Isabel la Católica?**

1195. **¿En qué se parecen los castaños a la Biblia?**

1196. **¿En qué se parecen las manos de las viejas y las confiterías?**

1197. **¿En qué se parece San Isidro del Campo a Gibraltar?**

1198. **¿En qué se parecen ciertos hechos a ciertos pescados?**

El lector, sin duda, podrá recordar muchísimos ejemplos modernos que siguen este antiguo esquema comparativo. Otras fórmulas simples se elaboran con los «colmos»:

1199. **¿Cuál es el colmo de un jardinero?**

1200. **¿Cual es el colmo de un carpintero?**

1201. **¿Cual es el colmo de un pianista?**

Existen, además, otros géneros adivinancísticos que pueden englobarse en la categoría de los «disparates» y que no son, en realidad, sino bromas y chistes en los que se requiere la participación de otra persona. Son muy numerosos y de escasa vitalidad. Valgan como muestra los siguientes ejemplos, modernos y muy conocidos.

1202. **¿Cuál es el último pez?**

1203. **¿Cuál es el pez que más se moja?**

1204. **¿Cuál es el animal que pare con más dolor?**

1205. **¿Qué hace un hombre después de hacer el amor?**

1206. **¿Qué es una oreja?**

1207. **El pescadero del muelle de Santander mide dos metros y calza un cincuenta; ¿qué pesa?**

ÍNDICE DE PRIMEROS VERSOS

I. ADIVINANZAS POPULARES

B

C

E

f

g

h

N

T

U

V

II. ADIVINANZAS CULTAS

U

V

Y

SOLUCIONES

I. ADIVINANZAS POPULARES

[1] Zamora.

[2] La lagartija.

[3] El mejillón.

[4] El ratón.

[5] El cangrejo de río.

[6] El oso polar.

[7] La alcachofa.

[8] La guitarra.

[9] La lengua.

[10] La araña.

[11] Las llaves.

[12] El pensamiento.

[13] La escoba.

[14] El dedal.

[15] El trigo.

[16] El gallo.

[16a] El gallo.

[16b] El gallo.

[17] Pínchame.

[18] El caracol.

[18a] El caracol.

[19] La luna.

[20] La amapola.

[21] El té.

[22] La margarita.

[23] La cebolla.

[24] La pera.

[25] El baile.

[26] La tela.

[27] El vino.

[28] El sombrero.

[29] El plátano.

[30] El hilo.

[31] La cuchara.

[32] La criba.

[33] Las tijeras.

[34] La escritura.

[35] El libro.

[36] El sol.

[37] El viento.

[38] El arco iris.

[39] La luna.

[40] La tierra.

[41] Los ojos.

[42] La lengua.

[43] El sueño.

[44] La sal.

[45] La alabanza.

[46] Luisa.

[47] Esteban.

[48] El puente.

[49] La vaca.

[50] La cebolla.

[51] El calcetín.

[52] El avestruz.

[53] La sandía.

[54] La cigüeña.

[55] Trineo.

[56] La chirimoya.

[57] La caja.

[58] El caramelo.

[59] Los guantes.

[60] La colcha.

[61] El perejil.

[62] Dos panes y medio.

[63] La abuela.

[64] El caracol.

[65] La peonza.

[66] La sombra.

[67] La papelera.

[68] El topo.

[69] Las posaderas y el pedo.

[70] El pulpo y el púlpito.

[71] El aire.

[72] La niebla.

[73] El eco.

[74] Las estrellas.

[75] La uva.

[76] El bacalao.

[77] El tabaco.

[78] El nombre.

[79] La cremallera.

[80] Los músculos.

[81] El mar.

[82] La obediencia.

[83] La pimienta.

[84] El templo.

[85] La linterna.

[86] Jabalí.

[87] Los suegros.

[88] Novela.

[89] El pingüino.

[90] Zapato.

[91] El queso.

[92] Ajedrez.

[93] La gallina.

[94] El elefante.

[95] La mariposa.

[96] Nada-Adán.

[97] La campana.

[98] El delfín. El bacalao.

[99] La nota redonda.

[100] Las mangueras contra incendios.

[101] El mosquito.

[102] La caña.

[103] La espiga.

[104] El pájaro.

[105] El cangrejo.

[106] El hombre.
Como respondió Edipo al enigma de la Esfinge: el hombre utiliza cuatro pies mientras anda a gatas y tres en la vejez por usar bastón.

[107] El caracol.

[108] El gallo.

[109] La luciérnaga.

[110] Zorra-arroz.

[111] La garrapata.

[112] El coral.

[113] Acedías.

[114] El murciélago.

[115] El molino.

[116] La mariposa.

[117] El Avemaría.

[118] Las golondrinas.

[119] La hiedra.

[120] La amapola.

[121] La letra O.

[122] La colmena.

[123] El maíz.

[124] El buey.

[125] El romero.

[126] La caña.

[127] La rana.

[128] La madreselva.

[129] La lechuga.

[130] El repollo.

[131] El algodón.

[132] La colmena.

[133] La zarzamora.

[134] La ballena.

[135] La Virgen María.

[136] El aire.

[137] El murciélago.

[138] La colmena.

[139] El sol.

[140] El sueño.

[141] El buey.

[142] El agua.

[143] La primavera.

[144] El piano.

[145] La colmena.

[146] El espejo.

[147] La higuera.

[148] El piojo.

[149] El aguacate.

[150] La balanza.

[151] El estante.

[152] La lechuza.

[153] La pantorrilla.

[154] El pincel.

[155] La mesa.

[156] El aguardiente.

[157] El día.

[158] La llave.

[159] La campana.

[160] El haba y el coco.
Se trata del haba y un insecto, similar al gorgojo, que se cría en su interior y al que, popularmente, se le llama coco.

[161] Alicante.

[162] La avellana.

[163] La candela.

[164] La palmera.

[165] El humo.

[166] El sol.

[167] La cigüeña.

[168] El melocotón.

[169] Las olas.

[170] La culebra.

[171] Pinos, piñas y piñones.

[172] El humo.

[173] El canario.

[174] El sol.

[175] La uva.

[176] La nuez.

[177] El hambre.

[178] Las barajas.

[179] La sombra del caballo.

[180] El trueno.

[181] El plátano.

[182] La sardina.

[183] El rábano.

[184] La aceituna.

[185] El huevo.

[186] La escritura.

[187] El quince.

[188] El sol.

[189] El zapato.

[190] El papel.

[191] El escaramujo.

[192] La letra M.

[193] La carta.

[194] La luna.

[195] El hoyo.

[196] El piano.

[197] El coco.

[198] Las cerezas en el árbol.

[199] El canario.

[200] La aguja.

[201] El alfiler.
El soneto de Góngora se titula «De una dama que se picó con un alfiler». El estilo del poema es, en sí mismo, una adivinanza: el «insidioso latón breve» es el alfiler; y los «claveles sobre nieve» representan la sangre del pinchazo sobre la blanca piel de la dama.

[202] La pantalla.

[203] El libro.

[204] La sombra.

[205] La zarza.

[206] El reloj.

[207] La sed.

[208] El escarabajo.

[209] La gallina.

[210] El año.

[211] El estío.

[212] El pensamiento.

[213] La sartén.

[214] El fuego.

[215] La huella.

[216] El gallo.

[217] El zapato.

[218] La madeja.

[219] Las hormigas.

[220] El naranjo.

[221] El trigo.

[222] El gallo.

[223] El algodón.

[224] El tambor.

[225] El caracol.

[226] El papagayo.

[227] La nuez.

[228] Los zapatos.

[229] El café.

[230] El ruiseñor.

[231] El maíz.

[232] El huevo.

[233] La lluvia.

[234] La bala.

[235] El hielo y el agua.

[236] El camino.

[237] Los abanicos.

[238] Las uvas.

[239] Florentina.

[240] La abeja.

[241] La sandía.

[242] El río.

[243] El rosario.

[244] El arado.

[245] Las horas.

[246] El sol.

[247] La madre.

[248] El pájaro carpintero.

[249] El yate.

[250] Los zapatos.

[251] El pez.

[252] El vino blanco y el vino tinto.

[253] El barco.

[254] La cama.

[255] La llave.

[256] El viento.

[257] Las manos.

[258] La cometa.

[259] La sal.

[260] El espejo.

[261] La letra U.

[262] La nube.

[263] Los truenos y las gotas de agua.

[264] El toro.
[265] La leña.
[266] El bastón del alcalde.
[267] Los gallos.
[268] El tamboril.
[269] La nube.
[270] El carbón.
[271] El polvo.
[272] La sardina.
[273] El agua.
[274] El gallo.
[275] El hacha.
[276] La gata.
[277] El felpudo.
[278] El brasero.
[279] Las abejas.
[280] Las tijeras.
[281] El huevo frito.
[282] El trueno.
[283] El espejo.
[284] La culebra.
[285] La escoba.
[286] El pájaro.
[287] La campana.
[288] El mosquito.
[289] El trigo.
[290] El león.
[291] El gallo.
[292] La taba.
[293] Las hormigas.
[294] El conejo.
[295] La estera.
[296] El secreto.
[297] Los cabellos.
[298] El café.
[299] La alcachofa.
[300] La lengua.
[301] Las estrellas.
[302] La puerta.
[303] El calendario.
[304] La carta.
[305] La estela de un barco.
[306] El puente.
[307] Las agujas del reloj.
[308] La sandía.
[309] El gallo.
[310] La navaja.
[311] La zarza.
[312] La chimenea.
[313] La nieve.
[314] El hilo.
[315] El hilo.
[316] La cigüeña.
[317] El humo.
[318] La cera.
[319] Las medias.
[320] La sombra.
[321] La puerta.

[322] La nube.

[323] La avena.

[324] La bandera.

[325] Las chispas.

[326] El gusano y la mariposa.

[327] El huevo.

[328] Las tijeras.

[329] La gallina.
La explicación hace referencia al juego infantil llamado «la gallinita ciega»; «poner la piel de gallina»; la fábula tiene como título *La gallina de los huevos de oro.*

[330] Las estrellas.

[331] La cerca.

[332] El tábano.

[333] De fantasma.

[334] El serrucho.

[335] El cielo.

[336] El trigo.

[337] El botijo.

[338] El escarabajo.

[339] El aceite.

[340] El calor.

[341] La paloma.

[342] El huracán.

[343] La tinta.

[344] La vela.

[345] La araña.

[346] La sombra.

[347] El gato.

[348] La naranja.

[349] La Tierra.

[350] La hormiga.

[351] La aguja.

[352] La mesa.

[353] El pimiento.

[354] Las tijeras.

[355] El sombrero.

[356] Los rayos del sol.

[357] La oscuridad.

[358] El pulso.

[359] El sueño.

[360] La cotorra.

[361] El día de mañana.

[362] El hoyo.

[363] El pez.

[364] El jabón.

[365] El hambre.

[366] La cuchara.

[367] El umbral.

[368] El mundo.

[369] El barco de vapor.

[370] El huevo.

[371] La cometa.

[372] El gallo.

[373] El conejo.

[374] La luna.

[375] Las hormigas.
[376] La polea.
[377] La luna.
[378] El pez.
[379] El botijo.
[380] El barco.
[381] El pozo.
[382] La sarna.
[383] El pez espada.
[384] La uva.
[385] El pato.
[386] El cochero.
[387] Simona.
[388] El hambre.
[389] Las estrellas.
[390] La baraja.
[391] El grillo.
[392] La lagartija.
[393] La cuchara.
[394] La baraja.
[395] El gallo, la gallina y los huevos.
[396] El cerrojo.
[397] La cometa.
[398] La caña.
[399] El albañil.
[400] La tinta.
[401] Los días de la semana.
[402] El ascua.
[403] El corazón.
[404] El fuego.
[405] La culebra.
[406] El abanico.
[407] Las estrellas.
[408] El amor.
[409] La aguja.
[410] El reloj.
[411] La escoba.
[412] El loro.
[413] La sandalia.
[414] El foco y la foca.
[415] El clavo.
[416] La rueda.
[417] El gallo.
[418] La sandía.
[419] La cotorra.
[420] La luz.
[421] La aguja.
[422] El sombrero.
[423] El saltamontes.
[424] El garbanzo.
[425] El hielo.
[426] La cabeza de ajo.
[427] La escoba.
[428] La mesa.
[429] El león.
[430] El pavo real.
[431] Las tijeras.
[432] El martillo.

[433] La bellota y el cerdo.

[433a] La pera y el hombre durmiendo. Gonzalo Correas, en su *Vocabulario de refranes y frases proverbiales* (1627), explica de este modo el acertijo: «Si la pera pendiente no cayera, el hombre dormido se muriera», y refiere la anécdota correspondiente: «Estaba uno durmiendo debajo de un peral, e íbale a picar una víbora; cayó al instante una pera madura y despertóle y evitó el daño d e la víbora.»

[434] El camino.

[435] La escoba.

[436] El piojo.

[437] El libro.

[438] El gallo.

[439] La boca y los dientes.

[440] La carta.

[441] De agujeros.

[442] La lengua.

[443] El tejado.

[444] El coche.

[445] El huevo.

[446] La luna.

[447] El perro.

[448] El peso.

[449] El tenedor.

[450] El rábano.

[451] Las horas.

[452] El reloj.

[453] El sombrero.

[454] La sandía.

[455] El erizo de mar.

[456] El gallo.

[457] La caña.

[458] Los dedos.

[459] La gallina.

[460] La culebra.

[461] El barco.

[462] El sarmiento, la vid, las uvas y el vino.

[463] La campana.

[464] La candela.

[465] La pelota.

[466] La mariposa.

[467] El huevo.

[468] El cencerro.

[469] El loro.

[470] El reloj.

[471] La escalera.

[472] La pluma.

[473] El jabalí.

[474] El viento.

[475] El molino de agua.

[476] El lagarto.

[477] La nieve.

[478] La aceituna.

[479] El saltamontes.

[480] El cuchillo.

[481] El reloj.

[482] El mosquito.

[483] El reloj.

[484] La sartén.

[485] El clavo.

[486] El melón.

[487] El huevo.

[488] La noche.

[489] La hormiga.

[490] El conejo.

[491] La vaca.

[492] El silencio.

[493] La nuez.

[494] La mariposa.

[495] El trigal.

[496] El tulipán.

[497] El bambú.

[498] La amapola.

[499] Las gafas.

[500] La orquídea.

[501] La ortiga.

[502] La remolacha.

[503] El árbol.

[504] La bellota.

[505] El caballo.

[506] El avestruz.

[507] La mula.

[508] El conejo.

[509] La castaña.

[510] Las cebollas.

[511] El aceite.

[512] La nuez.

[513] La tortuga.

[514] El melón.

[515] El pimiento.

[516] La pasa.

[517] El ciempiés.

[518] Los meteoros.

[519] La mona.

[520] El caballo del ajedrez.

[521] El fútbol.

[522] Picasso.

[523] La vaca.

[524] La hormiga.

[525] La tierra.

[526] El cántaro.

[527] Los guantes.

[528] La carroza y el carroza.

[529] El caracol.

[530] La tensión.

[531] La ballena.

[532] La mentira.

[533] La Tierra.

[534] El secreto.

[535] Los calcetines.

[536] El gallo.

[537] El gato, porque es gato y araña.

[538] El delfín.

[539] El río.

[540] Los zapatos.

[541] El tambor.

[542] El consejo.

[543] El aire.

[544] Unos los ojos, otros los pies.

[545] Los dientes.

[546] Oslo y Noruega.

[547] La corbata.

[548] El leopardo.

[549] El silbato del árbitro de fútbol.

[550] El cabello.

[551] El arquero.

[552] El arenque.

[553] El serrucho.

[554] El sello.

[555] El mes de febrero.

[556] El cohete.

[557] El donaire.

[558] El caracol.

[559] El tablero de ajedrez.

[560] La plancha.

[561] El mosquito.

[562] La almohada.

[563] El grillo.

[564] La esquina.

[565] El camello.

[566] La vaca.

[567] La foca.

[568] El torero.

[569] Perro.

[570] El pintor.

[571] Pulgarcito.

[572] La gallina.

[573] Horizonte.

[574] El árbol.

[575] Tren.

[576] Botella.

[577] El cuento.

[578] La gallina.

[579] El lenguado.

[580] Los pendientes.

[581] Los cubiertos.

[582] Ardilla.

[583] Chocolate.

[584] El pato.

[585] El nido.

[586] La llave.

[587] Los bombones.

[588] La noria.

[589] Cine.

[590] El bosque.

[591] El pino.

[592] El maíz.

[593] El sapo.

[594] El colchón.

[595] El anillo.

[596] Tortuga.

[597] El elefante.

[598] El profesor.

[599] El escarabajo.

[600] Las tijeras.

[601] Los zapatos y, en general, cualquier calzado.

[602] El turrón.

[603] La lluvia.

[604] Sombra.

[605] La avellana.

[606] El aguacate.

[607] El árbol.

[608] Río.

[609] Soldado.

[610] La corbata.

[611] La lechuga.

[612] La gaviota.

[613] El espejo.

[614] El caracol.

[615] El libro.

[616] La gallina.

[617] Bicicleta.

[618] La luna.

[619] La cortina.

[620] Sonajero.

[621] El lirón.

[622] La sota de los naipes.

[623] Loro.

[624] El silbato

[625] Abrigo.

[626] El piojo.

[627] Ventana.

[628] La vaca.

[628b] La vaca.

[629] El coche.

[630] La lupa.

[631] El canguro.

[632] Retrato.

[633] La cresta.

[634] Un banco.

[635] La ardilla.

[636] Camisa.

[637] El perro.

[638] Abecedario.

[639] La goma.

[640] El mosquito.

[641] Baldosa.

[642] El carrillo.

[643] La aguja.

[644] Naranja.

[645] Sol.

[646] Nombre.

[647] El algodón.

[648] La mora.
[649] Bombilla.
[650] El burro.
[651] La oveja.
[652] Nevera.
[653] Taza.
[654] Las orejas.
[655] La guitarra.
[656] Sheriff.
[657] Chicle.
[658] El conejo.
[659] El gato.
[660] Maleta.
[661] Pan.
[662] El actor.
[663] Ciudad.
[664] El grillo.
[665] Cerdo.
[666] La pulga.
[667] La oveja.
[668] Farmacia.
[669] La puerta.
[670] La mula.
[671] La Osa Mayor.
[672] El gato.
La obra de Lope de Vega es *La Gatomaquia*, escrita en 1634.
[673] La raya.
[674] La hoja.
[675] La luciérnaga.
[676] El miedo.
[677] El gallo.
[678] La carta.
[679] La colonia.
[680] El metro.
[681] Los fines de semana.
[682] El flamenco.
[683] El tomate.
[684] El poni.
[685] El ocho.
[686] El pijama.
[687] La cólera.
[688] El tiempo.
[689] El jamón.
[690] La abeja.
[691] El escaparate.
[692] La rana.
[693] El cuello.
[694] El gato.
[695] El globo.
[696] El avestruz.
[697] La espina.
[698] La planta.
[699] El caracol.
[700] El grano.
[701] El agua.
[702] El tajo.
[703] La concha.
El reptil es el chacón.

[704] El azulejo.
[705] El pantalón.
[706] El topo.
[707] La liebre.
[708] La Tierra.
[709] La rana.
[710] El teléfono.
[711] El elefante.
[712] El resfriado.
[713] El lobo.
[714] El chupete.
[715] El avión.
[716] El viento.
[717] El anillo.
[718] La Nochebuena.
[719] El espejo.
[720] El esquimal.
[721] El perro.
[722] La abeja.
[723] El salero.
[724] La estufa.
[725] El koala.
[726] Las medias.
[727] La pulsera.
[728] El abogado.
[729] El monedero.
[730] La zarpa.
[731] El tenedor.
[732] La corola.
[733] La plancha.
[734] El carnaval.
[735] El ganado.
[736] El termómetro.
[737] El tambor.
[738] El caballo.
[739] La estaca.
[740] La bota.
[741] La persiana.
[742] El estómago.
[743] La enagua.
[744] El castillo.
[745] Las tejas.
[746] La boca y los dientes.
[747] La rana.
[748] Los rayos del sol.
[749] La luz.
[750] La boca y el brazo.
[751] El corchete y la corcheta.
[752] La nube.
[753] La ardilla.
[754] El huevo.
[755] Los dados.
[756] La escritura.
[757] El peso.
[758] Los ojos y el llanto.
[759] La corona.
[760] Cara, nariz, boca y ojos.
[761] La abeja.

[762] El pato.

[763] El abrigo.

[764] El río.

[765] El albaricoque.

[766] El almendro.

[767] Las amapolas.

[768] El árbol.

[769] La culebra.

[770] El grillo.

[771] La arena.

[772] El azafrán.
La zarzuela es *La rosa del azafrán.*

[773] La bombilla.

[774] Los caballos.

[775] La cabra.

[776] El café.

[777] El calamar.

[778] La luciérnaga.

[779] El caracol.

[780] La cama.

[781] La capa.

[782] La carta.

[783] Los dados.

[784] Don Quijote.

[785] La cama.

[786] La escalera.

[787] Las cerillas.

[788] El gato.

[789] Las golondrinas.

[790] Gris.

[791] Los higos.

[792] El caracol.

[793] Las hojas.

[794] El naranjo y las naranjas.

[795] Las huellas.

[796] El lobo.

[797] La letra I.

[798] La margarita.

[799] La mariquita.

[800] El metro.

[801] Ombligo.

[802] El pantalón.

[803] El peine.

[804] La peseta.

[805] El reloj.

[806] El saco.

[807] La silla.

[808] La tormenta.

[809] El vino.

[810] El árbol.

[811] La boca.

[812] La baraja.

[813] La vista.

[814] La mentira.

[815] El ajo.

[816] La vela.

[817] El tejado.

[818] La guitarra.

[819] La harina.

[820] La maleta.

[821] El girasol.

[822] El martillo.

[823] La oreja.

[824] Los juncos.

[825] La planta del pie.

[826] El buzón.

[827] El pollo.

[828] El pozo.

[829] La cerilla.

[830] El semáforo.

[831] La paciencia.

[832] América.

[833] La baldosa.

[834] El payaso.

[835] El jamón.

[836] El fuego.

[837] Los meses.

[838] La hormiga.

[839] El agua.

[840] La aguja.

[841] El año.

[842] La campana.

[843] El cáñamo.

[844] La sortija.

[845] El sudor.

[846] El suelo.

[847] La morera.

[848] La morcilla.

[849] La cebolla.

[850] El organista.

[851] La cómoda.

[852] Las ovejas.

[853] El otoño.

[854] El carnicero.

[855] La piedra del molino.

[856] El dinero.

[857] La llave y la cerradura.

[858] El mapa.

[859] El muerto.

[860] La carta.

[861] La celosía.

[862] Los ojos.

[863] La caña.

[864] El carbón.

[865] La cebolla.

II. ADIVINANZAS CULTAS

[866] El hombre.

[867] El reloj.

[868] La puerta.

[869] Las nubes.

[870] Los celos.

[871] El horno de cocer pan.

[872] La hormiga.

[873] El trigo.

[874] La muerte.

[875] La muerte.

[876] El hambre.

[877] Las cosquillas.

[878] El fraile del haba.

[879] El sol y la luna.

[880] El pensamiento.

[881] El libro.

[882] La galera.

[883] La flauta.

[884] La cola de caballo.

[885] El vino.

[886] La carta y el pliego de cartas.

[887] La adivinanza.

[888] El hombre con grillos, o con grilletes.

[889] La celosía.

[890] El carbón.

[891] Don Quijote.

[892] La silla de caballo.

[893] La media.

[894] El candil.

[895] El cesto.

[896] El gallo.

[897] El león.

[898] El gallo.

[899] El bonete.

[900] El botón.

[901] El arco.

[902] Los dedos.

[903] La universidad.

[904] El azadón.

[905] El candelero.

[906] La mariposa.

[907] La juventud.

[908] La imprenta.

[909] La galga.

[910] El caracol.

[911] El arador.

[912] El gato.

[913] La escalera.

[914] La tórtola.

[915] La mona.

[916] El topo.

[917] La gallina.

[918] El sombrero.

[919] La gallina.

[920] La puerta.

[921] El lobo.

[922] El gusano de seda.

[923] La tortuga.

[924] El marco.

[925] El gallo.

[926] La fama.

[927] La colmena.

[928] El balcón.

[929] El toro.

[930] Cupido.
[931] La espada.
[932] El aire.
[933] La escoba.
[934] Los ojos.
[935] Los oídos.
[936] La boca.
[937] El almirez.
[938] El dedal.
[939] La guitarra.
[940] El huevo.
[941] El fuego.
[942] La llave.
[943] Los dados.
[944] El espejo.
[945] El salero.
[946] El conejo.
[947] El clavo.
[948] Los naipes.
[949] El ajedrez.
[950] El peine.
[951] Las narices.
[952] El cuerno.
[953] La vela.
[954] El jabalí.
[955] La vidriera.
[956] La capa.
[957] El sello.
[958] El Cid Campeador.
[959] La castaña.
[960] La lanzadera.
[961] El sino.
[962] El Conde Fernán González.
[963] El pincel.
[964] Las estrellas.
[965] Las nalgas.
[966] El pincel.
[967] La pobreza.
[968] El dinero.
[969] El dinero.
[970] El dinero.
[971] La pobreza.
[972] El mosquito de la trompetilla.
[973] La boca de una mujer.
[974] El cañón de la escopeta.
[975] El torno de las monjas.
[976] Los celos.
[977] La tela.
[978] La fantasía.
[979] La espada.
[980] La sirena.
[981] El carro.
[982] Las letras.
[983] El ganso.
[984] El cántaro y la olla.
[985] El arador.
[986] La culebra.
[987] Las Parcas.

[988] El hombre.
[989] El gallo.
[990] La vejez.
[991] La urraca.
[992] La lámpara.
[993] El sombrero.
[994] La conciencia.
[995] La cruz.
[996] El caracol.
[997] El embudo.
[998] La esposa y las esposas.
[999] La letra O.
[1000] El diputado.
[1001] La cucaracha.
[1002] Los cuernos.
[1003] La oveja.
[1004] La pulga.
[1005] La limonada.
[1006] El pavo.
[1007] El perro y el gato.
[1008] La camisa.
[1009] El delfín.
[1010] Los dientes.
[1011] La tortuga.
[1012] El tornillo.
[1013] La iglesia.
[1014] Artemisa.
[1015] El remolino.
[1016] Los mulos.
[1017] La caracola.
[1018] El dedal.
[1019] La almohada.
[1020] El hombre.
[1021] El anillo.
[1022] La araña.
[1023] El anagrama.
[1024] El gallo.
[1025] La letra E.
[1026] La media.
[1027] El tabaco.
[1028] Cota, toca, taco y oca.
[1029] La guitarra.
[1030] El gallo.
[1031] La granada.
[1032] Las ubres.
[1033] El hombre.
[1034] El peine.
[1035] La paloma de la seda.
[1036] El pedo.
[1037] Los ojos.
[1038] El espejo.
[1039] La piña.
[1040] El año, los meses y los días.
[1041] El carro.
[1042] La candela.
[1043] El gallo.
[1044] El vino.
[1045] La serpiente.

[1046] La pluma.

[1047] La luz.

[1048] La verdad.

[1049] La muerte.

[1050] La numeración.

[1051] La hormiga.

[1052] El agua.

[1053] La aceituna.

[1054] La media.

[1055] El órgano.

[1056] El matrimonio.

[1057] La mariposa.

[1058] El reloj.

[1059] El trigo.

[1060] El ajedrez.

[1061] La sombra.

[1062] Las muelas, los dientes y la boca.

[1063] La templanza.

[1064] El vino.

III. OTRAS FORMAS ADIVINANCÍSTICAS

[1065] Margarita.

[1066] Caminata.

[1067] Canastillo.

[1068] Caserón.

[1069] Martirio.

[1070] Monasterio.

[1071] La ocasión.

[1072] Venado.

[1073] Marbella.

[1074] Árabes.

[1075] Albacete.

[1076] Cabello.

[1077] Resbalón.

[1078] Salamanca.

[1079] La soledad.

[1080] Candado.

[1081] Alacena.

[1082] Cepillo.

[1083] Delirio.

[1084] Aguacero.

[1085] Lagartos.

[1086] Salchicha.

[1087] Dominó.

[1088] Soldado.

[1089] Coliflor.

[1090] Calamar.

[1091] Camisa.

[1092] Campana.

[1093] Camaleón.

[1094] Tartamudo.

[1095] Zarzamora.

[1096] Marimorena.

[1097] Zamora.

[1098] Papanatas.

[1099] Calabobos.

[1100] Verso.

[1101] Picatoste.

[1102] Casamiento.

[1103] Pantalón.

[1104] Serenata.

[1105] Santurrón.

[1106] Maravilla.

[1107] Malvado.

[1108] Calabaza.

[1109] Aspereza.

[1110] Belén.

[1111] Soneto.

[1112] La boca del viejo.

[1113] La fama.

[1114] El dinero.

[1115] El ajedrez o los naipes.

[1116] El tiempo.

[1117] El dedal.

[1118] La horca.

[1119] El pensamiento o la imaginación.

[1120] El sombrero.

[1121] El espejo.

[1122] La pluma de escribir.

[1123] Sin respuesta.
Esta antigua adivinanza tiene forma de charada. La respuesta no aparece en el original pero es evidente que la solución se corresponde con el nombre femenino Isabel (*Is-abel*).

[1124] El gallo.

[1125] El reloj.

[1126] La verdad.

[1127] El boticario y las medicinas.

[1128] El ganso.

[1129] Las letras del alfabeto.

[1130] El nombre.

[1131] El roble.
O cualquier otro árbol de fruto, con el que se construían las galeras de prisioneros, u otros navíos. Las alas son las velas y los remos. Los prisioneros sufren y los viajeros, gozan.

[1132] La vejez.

[1133] El fuego.
El autor llama vestido a los maderos y la leña.

[1134] La sirena.
Se pintaba a las sirenas con corona y según la mitología clásica, sus melancólicos cantos ensimismaban a los marineros, los cuales, enamorados, se lanzaban al agua y se ahogaban.

[1135] El vino.
La cárcel es la cuba y la tinaja.

[1136] La culebra.
El último verso remite al

pecado original y a la tentación de Adán y Eva.

[1137] La noche y el día.

[1138] El grano de trigo.

[1139] El cántaro.
Como Adán, está hecho de barro.

[1140] El trigo, la harina y el pan.

[1141] El ajo.

[1142] Es el agua, que forma la nieve y ésta, a su vez, se convierte en agua de nuevo, al derretirse.

[1143] La urraca, que tiene plumas blancas y negras. Antaño se creía que las pegas, las urracas y los cuervos podían hablar y, en ocasiones, se encerraban en jaulas para entretenimiento de la casa.

[1144] El gallo.
Algunos autores clásicos (Plinio o Dioscórides, por ejemplo) afirmaban que los animales citados en el enigma temían verdaderamente al gallo.

[1145] La cebolla.

[1146] La ballena.
Se denominaba «ámbar» al líquido seminal de la ballena, utilizado como producto cosmético contra la halitosis y para perfumes.

[1147] El enigma, o adivinanza.
El autor utiliza la forma acróstica: si se leen las iniciales de cada uno de los versos se verá *Enygma.*

[1148] El año.

[1149] La avellana.

[1150] La sortija.
También se denominaba así a un juego, tal y como dice el enigma. Consistía en guardar un anillo entre las manos y pasarlo a otros, o simularlo. El que se quedaba con ella, si era descubierto, pagaba prenda.

[1151] El corazón.

[1152] El agua.

[1153] La noche.

[1154] El imán.

[1155] La pera.

[1156] El papel.

[1157] El romero.

[1158] El río.

[1159] La granada.

[1160] La carta.

[1161] El vino.

[1162] Los pimientos picantes.

[1163] La castaña.

[1164] La llave.

[1165] El agua, en el río, en los lagos o en el mar.

[1166] La lengua del hombre.

[1167] Las niñas de los ojos. Las pupilas.

[1168] Las uvas y el vino.

[1169] La pared.

[1170] La aceituna.

[1171] El centeno.

[1172] El alfiler.

[1173] La muela.

[1174] El nombre.

[1175] Los eslabones de una cadena.

[1176] Las tijeras.

[1177] El ajedrez.

[1178] El peine.

[1179] El espejo.

[1180] La baraja de naipes.

[1181] La vejez.

[1182] El diente.

[1183] Empresa V.
Solución en el texto.

[1184] Empresa XXXIII.
Solución en el texto.

[1185] Empresa XXXVIII.
Solución en el texto.

[1186] Empresa LII.
Solución en el texto.

[1187] Empresa LVIII.
Solución en el texto.

[1188] Empresa LXIV.
Solución en el texto.

[1189] Empresa LXV.
Solución en el texto.

[1190] Empresa LXVII.
Solución en el texto.

[1191] Empresa LXXVI.
Solución en el texto.

[1192] En que se pasan.

[1193] En que ambas tienen faldas.

[1194] Morirse.

[1195] En que tienen hojas.

[1196] En que ambas tienen yemas.

[1197] En que en los dos lugares se cogen monas.

[1198] En que son meros.

[1199] Tener una mujer cizañera y tres hijas: Rosa, Margarita y Azucena.

[1200] Ir de excursión a la sierra.

[1201] Casarse con doña Tecla.

[1202] El delfín.

[1203] El bacalao.

[1204] El congrio.
Porque pare congritos.

[1205] Molestar.

[1206] Sesenta minutejos.

[1207] Pescados.

Títulos de la colección

CANCIONERO POPULAR

CITAS Y FRASES CÉLEBRES

DICHOS Y FRASES HECHAS

JERGAS, ARGOT Y MODISMOS

LAS MEJORES ADIVINANZAS

REFRANES, PROVERBIOS Y SENTENCIAS